李青霞 著

中国文联出版社

图书在版编目（CIP）数据

驭事儿 / 李青霞著. -- 北京：中国文联出版社, 2024. 9. -- ISBN 978-7-5190-5618-6

Ⅰ. K209

中国国家版本馆CIP数据核字第2024ZD3797号

著　　者　李青霞
责任编辑　郭　琳
责任校对　王　莉
装帧设计　桃　子

出版发行　中国文联出版社有限公司
地　　址　北京市朝阳区农展馆南里10号　　邮编　100125
电　　话　010-85923025（发行部）　　85923091（总编室）
经　　销　全国新华书店等
印　　刷　三河市双升印务有限公司

开　　本　710毫米×1000毫米　1/16
印　　张　13.5
字　　数　230千字
版　　次　2024年9月第1版第1次印刷
定　　价　68.00元

前言
PREFACE

历史是一门学问，古往今来，探讨历史中秘密的人不可胜数，可领悟者还是不多。学会历史中领导者的思想、本领，也是普通人走向成功的必备技能，这是人们一定要去了解、去深思、去探讨和掌握的。

一代名臣张居正是中国历史中著名的人物，作为明朝神宗时期的内阁首辅大臣，他兴复百业，整饬废弛，做出促成万历初年天下大治的功绩，这与他强大的领导能力是密不可分的。史书中说，张居正喜欢建功立业，能用心智权术驾驭属下官员，人们多乐于为其尽力。

要想领导他人，让他人乐于用尽全力去做事，并不是一件简单的事情，这是一门高深的学问。没有人愿意居于人下，受他人指使。想要领导他人，没有让人信服的领导力是不行的，也无法让人心生畏服。

领导能力决定了一个人的成败，作为一名领导者如果没有领导能力那是致命的缺陷，必须要多加学习，加以弥补。如果仅靠权势高压的方法肯定是行不通的，也是没有效果的，不是长久让人信服的办法。

本书原文源自《驭人经》，通过对原文进行分析解读，分为“明辨是非，不趋炎附势”“举贤任才，知人善任”“德才兼备，选贤任能”“忠诚守信，行事稳健”“人性洞察，以智防奸”“智者谋略，运筹帷幄”“愚者不智，大智若愚”“辨认真伪，人尽其才”等八篇，对不同人群、不同特点、不同心理等提出不同的实用方法。希望可以给大家带来参考价值和宝贵启示。

一、明辨是非，不趋炎附势

二、举贤任才，知人善任

三、德才兼备，选贤任能

四、忠诚守信，行事稳健

五、人性洞察，以智防奸

目录

目录

一、明辨是非，不趋炎附势

【原文】

吏不治，上无德也。吏不驭，上无术也。吏骄则斥之。吏狂则抑之。吏怠则警之。吏罪则罚之。明规当守，暗规勿废焉。君子无为。小人或成焉。

【译文】

不能治理好下属，是因为上司的道德形象树立得不够。不能驾驭下属，则说明做上司的能力不足。当下属骄傲时就要斥责他。当下属狂妄而忘记分寸的时候，就要抑制他。当下属懈怠的时候，就要警告他。当下属犯错误的时候，就一定要责罚他。领导者应该带头遵守明文规定，暗规则也没必要废除。君子的做法有时并不能得到想要的结果。用小人的方法或许会取得意想不到的效果。

【事典】

重用奸臣的秦二世

公元前210年，秦始皇在巡游途中病倒，他自知命不久矣，便给远在边疆的大儿子扶苏写了一封信：“回咸阳来参加丧事，在咸阳安葬。”

然而这封信却遭到随从赵高的拦截，并未发出。

在秦始皇病逝以后，赵高联合跟随出游的胡亥和李斯偷偷修改了诏书。胡亥即秦始皇的二儿子，赵高曾做过胡亥的老师，所以他俩私下关系密切。他们仿照秦始皇的笔迹制作了一份假诏书，在其中列举了扶苏的数条罪行，并逼迫其自杀。

当时扶苏手握重兵，而赵高之所以敢下此赌注，是因为他对扶苏的性格太过了解。扶苏生性老实，对父亲秦始皇言听计从，所以对诏书内容从未怀疑，遂以身殉国。之后，赵高便将胡亥扶上了皇位，即“秦二世”。

胡亥即位之后，便将赵高封为郎中令，执掌朝廷大权。

然而，秦二世深知自己的皇位来路不正，整日忧心忡忡，他问赵高：“大臣们都不服从我，官吏们的权势依然很大，其他皇子也要跟我争夺皇位，我该怎么办呢？”

其实赵高也有同样的担忧，他知道，一旦自己修改诏书的事情败露，定会命丧黄泉。于是他趁机说道：“如果有谁不服，那就动用武力将他们全部杀掉，这样那些大臣就没有机会谋算了，国家不就安定团结了吗？”

秦二世果真听从了赵高的话，遂将生杀大权交给了赵高，一场血雨腥风的屠杀由此展开。

赵高开始捏造各种罪名，借机诛杀了很多皇子、公主和难以对付的大臣，然后将自己的亲信安插在皇帝身边。

这一举动导致朝廷上下人心惶惶，皇族们每天提心吊胆，大臣们不敢进谏，只能屈从讨好。百姓亦心生恐惧，生怕稍有失误，便丢掉性命。

在对朝纲进行一番“整顿”之后，秦二世似乎安心了许多。他开始计划继续修建先皇未完成的阿房宫，于是从全国各地召集大批壮丁，赶往咸阳。

公元前209年，两名军官押送着九百多名壮丁从阳城赶往渔阳，然而途中行走到大泽乡时却遭遇大雨，道路泥泞不堪，无法行走。但是当时秦朝的律法十分苛刻，如果他们无法在规定的日期赶到，将全部被处死。

此时，这批壮丁中有一个叫陈胜的人偷偷跟同行的吴广说：“这儿离渔阳还有几千里，即使现在雨停了也无法按期赶到。这不是白白去送死吗？不如我们起来造反。”

于是，陈胜和吴广号召全部壮丁起义，反对秦朝的暴政，大家纷纷响应。他们杀死了押送的军官，在大泽乡自立为王，立国号为“楚”，之后势力不断扩大。

陈胜、吴广的起义揭开了起义军反秦的序幕，各地豪门贵族和军队纷纷自立为王。

第二年，陈胜集合的兵力达到了几十万。这令秦二世大为吃惊，他赶紧召集群臣商议此事。少府章邯建议将骊山的刑徒释放，临时组成兵团，抵御起义军。秦二世照办，果真将起义军暂时压制下去。

然而赵高听说这件事后，大为不悦，他害怕秦二世宠信他人，导致自己失宠，更怕秦二世不再受他的操控，于是对秦二世说：“先帝在位时，群臣不敢做非分之事，也不敢进言异端邪说，全是仰仗先帝的威严。现在陛下年轻，又刚登上皇位，怎么能跟公卿在朝廷上议决大事呢？如果事情有错，就会让群臣看出自己的弱点，这不是会招致他人的耻笑吗？”

对于赵高的歪理邪说秦二世竟然信以为真。此后，他开始身居深宫，不理朝政，遇到事情只与赵高一个人商议决定。而其他大臣想见皇上，总是被赵高等人拒之门外，赵高成为独揽大权的重臣。

赵高曾多次对皇上说：“关东的盗贼成不了什么气候，不必担忧。”

秦二世在吃了这颗“定心丸”之后，非常安然地把心放到了肚子里，天性爱玩的他更加肆无忌惮，开始整天花天酒地，寻欢作乐。然而，他并不知道，此时各地起义军纷纷揭竿而起，秦朝的政权早已岌岌可危。

当然，秦二世更不知道，此时赵高已生谋反之心，想夺权篡位。他早就与反秦的各诸侯国相互勾结，各路诸侯答应他，只要帮忙清除秦朝宗室，就可以分他一片天下，让他自立为王。

赵高虽有称王之心，却怕自己的威严不够，无法压制朝中大臣，于是就上演了一出“指鹿为马”的戏码。

一天，赵高牵了一只鹿来到朝堂，进献给秦二世。

赵高假装恭敬地对秦二世说：“我派人寻找了这匹千里马，特来献于皇上。”

秦二世一看，哈哈大笑，说道：“这怎么会是马？这明明是一头鹿啊！”

赵高问左右大臣，有人非常直爽，直接说是鹿；有人曲意迎合，故意说是马；有人却因畏惧赵高的权威吓得不敢吱声。后来，那些说是鹿的大臣要么被赵高赶出朝廷，要么丢了性命。此后，赵高更是在朝堂上一手遮天，再也没有与之相对抗的人，而秦二世完全成为一个傀儡皇帝。

公元前 207 年，各地起义军逐渐逼近咸阳，秦朝的江山已经摇摇欲坠。秦二世这才有所醒悟，开始责备赵高。赵高心生恐惧，不敢直面皇上，于是就与他的弟弟和女婿暗中勾结，派人闯入皇宫，逼迫秦二世自杀。

秦二世死后不久，秦朝灭亡，秦朝的皇宫也沦为一片废墟。

【释评】

在历史的长河中，下属徇私枉法、颠倒黑白却受上司包庇的事例不在少数。一个国家的官场到底是清明还是混乱，全在于上司如何对下属进行管理。如果上司明辨是非，那么下属便不敢胡作非为；反之，如果上司偏听偏信，那么下属则会肆无忌惮。

【事典】

年羹尧作茧自缚

年羹尧是清朝的大将军，他从小酷爱读书，二十二岁考中进士，开始入朝为官。

康熙四十八年（1709），年羹尧跟随头等侍卫敖岱出使朝鲜，宣读康熙帝复立太子的诏书，康熙认为其堪当大任。回来后，年羹尧便被升任为四川巡抚，成为封疆大吏。

那时年羹尧还不到三十岁，却受到皇上如此器重，他对皇上感激不尽，曾在奏折中提到“以一介庸愚，三世受恩”，一定会“竭力图报”。

上任后年羹尧也并未食言，他很快熟悉了四川全省的情况，针对四川当地的实际情况提出了很多兴利除弊的措施，并带头做出表率，拒收礼品，公事公办，从不徇私枉法。他在任时把四川管理得井井有条。

年羹尧兢兢业业，有什么事总是及时上奏，与皇上讨论四川的山川形势、民族问题以及兵备事务。他的做法受到皇上的赞赏，皇上希望他固守本心，做一方好官。

康熙五十七年（1718），康熙帝发动了驱准保藏之役，年羹尧积极表现，保障了清军的后勤供给，立下汗马功劳。当年十月，年羹尧上奏表示四川军政腐败，但是自己职权范围不够，无法进行整顿，希望皇上赐予实权，以整顿军务，皇上当即提升其为四川总督，可见皇帝对其寄予厚望又极其信任。

后来，年羹尧所在的镶白旗转为由四皇子胤禛管辖，年羹尧的妹妹还被胤禛纳为侧妃，年羹尧成为四皇子的大舅子。但是因为年羹尧远在四川，与四皇子的关系并不密切，一直保持一定的距离。曾经，四皇子还对年羹尧进行训斥，说他每次给自己写信时落款只称职衔，不称奴才，且屡教不改。此时可以看出，年羹尧只是做好自己的本分工作，并无趋炎附势、拉帮结派之心。

康熙帝去世以后，雍正帝胤禛继承皇位。待年羹尧来京为康熙帝奔丧之时，雍正给他二等阿达哈哈番世职，加太保衔，晋封三等公，并将他的妹妹册立为贵妃，地位仅次于皇后，就连他的兄长和妹夫也被封官加职。

不久，青海的和硕特部酋长罗卜藏丹津因不想受大清的控制，意图谋反独立。消息传到京城，雍正帝决定对其用兵，一来为了稳定西北政局，二是想通过打胜仗稳固自己的权力。

于是，雍正帝任命年羹尧为抚远大将军，不但将川、陕、甘、云四省的一切事务俱交给年羹尧办理，还将西安八旗驻防军的指挥权交给他，派他去稳定青海。年羹尧奉命率军赶赴西宁，与罗卜藏丹津作战。

最初战事对清军不利，年羹尧被围困，但是他带领十几个人安然地坐在城楼上，毫无惊恐之色，这让罗卜藏丹津误以为清军有诈，遂率军引退。后来年羹尧令军士开炮，致使敌军死伤无数，罗卜藏丹津被打得落荒而逃。后来在岳钟琪的辅佐下，青海很快得到了平定。此次战役不但将青海完全纳入清朝版图，而且震慑了西藏，稳固了清朝对西藏的控制以及西北大局的稳定。

捷报传到京城，正在景陵祭奠的雍正帝喜出望外，晋封年羹尧为一等公，并骄傲地称他为“恩人”。那时年羹尧得到的恩宠无以复加，在雍正帝眼中，年羹尧的地位已无人代替，他经常在权臣面前称年羹尧为“年大将军”。

平定青海后，年羹尧继续镇守西北，处理善后事务。虽然他远在西北，但是朝中的一切大事、要事，即使和军事无关，雍正帝总喜欢和他私下商议，听取他的意见。雍正帝的无限信任逐渐助长了年羹尧的骄傲气焰，他开始忘乎所以。

年羹尧在镇守青海期间，多次上书提到自己身体不好，希望交出兵权，回京任职。但是皇上并未同意，皇上一面强调自己是如何心疼，给药给方，让年羹尧好好调养身体，一面要求年羹尧留任，以免外界猜测君臣不和，这引起了年羹尧的极度不满。

雍正二年（1724），年羹尧进京请训，汇报西北情况。雍正帝专门让礼部拟定仪注，“进京陛见，沿途垫道叠桥，铺面俱令关闭”，王公大臣跪在广宁门外迎接，年羹尧骑马而过，有大臣向他问好，他只是点头示意，并不下马，傲气十足。

在京期间，雍正帝对年羹尧大加赏赐，还让他与总理事务王大臣、中枢近臣们一起面承上谕，下达圣旨，有意考察年羹尧能否胜任中枢大臣之意。可是年羹尧对这些活动不太习惯，举止傲慢，行为嚣张，引起同僚们的反感；甚至在皇上面前也不顾君臣礼仪，行为举止粗鲁而无所顾忌。更严重的是，他总是以军功自居，随意插手朝中事务。连他的家臣都横行霸道，肆意妄为。

有一次，年羹尧到怡亲王府上拜会，竟毫不顾忌地对自己的亲信说：“怡亲王府邸外观宏敞，而内草率不堪。矫情违意，其志可见。”

皇上看到年羹尧的种种行径，心生厌烦，想侧面敲打，让他反省，于是说外界传闻年羹尧功高盖主，可以左右朝廷。然而年羹尧并不知皇上的言外之意，根本没有请罪之举，导致皇上对他心存厌恶，甚至生出想要除掉他的心思。

年羹尧离京后，雍正帝开始在封疆重臣们的密折批示上表达对年羹尧的不满，让群臣及时表态，指出年羹尧的种种劣迹和罪行。同时，雍正帝将与年羹尧交往密切的大臣拉拢到自己身边，尤其是年羹尧的部将岳钟琪。

随后，弹劾年羹尧的折子如纸片一般飞到皇帝身边，皇帝见时机成熟，便免去年羹尧川陕总督兼抚远大将军之职，调任杭州将军。

到杭州后不久，雍正帝又以“年羹尧的奏折中只汇报了接任日期而没有谢恩之语”为由，罢免了其杭州将军之职，贬为闲散章京，看守杭州东门庆春门。年羹尧的爵位也一降再降，仅一月有余，就被革去全部官爵。

此时，朝廷上下呼声一片，要求严惩年羹尧，皇上正式批准将年羹尧锁拿进京，交三法司问罪。经过审讯，年羹尧被判大罪九十二条，但皇上念其有功，

赐其狱中自裁，终年四十七岁。

【释评】

在封建帝制下，皇权是至高无上的。作为臣子，必须遵循君臣礼制。无论臣子功劳多大，都不可有僭越之举，否则就会让皇帝感到压力，尤其手握兵权的将军，更容易对皇权造成威胁。所以，如果臣子飞扬跋扈、不知分寸，皇帝就要适当地对其进行打压和限制，以保证皇位和江山的稳定。

【事典】

裴琰之的碌碌无为

历史上的人才数不胜数，他们各有优点，大都以事迹或文章流传千古。然而唐朝的裴琰之却是与众不同的一位，他虽然才华出众，却因懒惰成性，一生都没有做出什么突出的功绩，所以历史上对他的记载少之又少。

裴琰之出身于官宦之家，从小受到良好的教育，是一个才华横溢、不可多得的人才。他20岁那年就开始入朝为官，被皇上派去担任同州司户。然而，少年轻狂的他在刚刚步入官场时并没有担负起自己的责任，他每天不是专心断案，处理公文，而是吃喝玩乐，对工作毫不上心。

每天看着一份份公文被放到案桌上，裴琰之却视而不见，好像与自己毫无关系。后来，同州刺史李崇义听说了这件事，派人前去调查，果然传闻不虚。李崇义非常生气，想不到在自己职权范围内会有一个这样无所事事的官员。

于是，李崇义便去向户佐了解原因，户佐说："司户的确没有处理过任何案件，我也不敢多问。我想这位司户是官员家的孩子，从小养尊处优，有点被惯坏的样子，他恐怕是不大会处理公文的。"

李崇义认为户佐说得有道理。过了几天，他召见裴琰之，隐晦地说："同州的公务很是繁忙，尤其是司户，平日事务很多。你如果无法处理这些公文，为什么不去京城找一个清闲的官当？没有必要待在这里啊！"

裴琰之点了点头，但并未将李崇义的话放在心上，回去之后他依旧吃喝玩乐，不理公务。大家看到这种情形，都在私下议论，说这位司户大人根本不会处理公文，不过是在这个职位上混日子而已。

又过了几天，裴琰之桌子上的公文堆积如山。李崇义实在按捺不住了，再次召见裴琰之，生气地呵斥道："你如果无法担任这个职务，就不要再占着这个职位了。我将要奏明皇上，请求罢免你，将这个职位交给其他人来做。”

裴琰之见刺史大人真的生气了，连忙赔罪道：“大人教训得对，属下这就回去处理公文。”

回去之后裴琰之问户佐：“现在有多少需要处理的案卷？”

户佐回答：“着急处理的有二百多份，其余的……”

还没等户佐说完，裴琰之就截住了他的话，摆手说道：“好了，我知道了。”随后叹了口气，不以为意地说道，“我还以为有多少呢，这么点案卷还至于如此咄咄逼人！”

接着，裴琰之让左右的人给他准备笔墨纸砚，并告诉他们在每个案卷后面都附上十张纸，再让五六个人给他研墨点笔。手下的人都很是疑惑：这位大人到底想做什么？

只见裴琰之将主办各个案卷的人员一一叫来，让他们逐个汇报案情，并告诉他们，只要汇报案情大概即可，无须详细汇报。每听完一个案情，裴琰之便落笔如飞，行云流水般地在纸上写下结果。

周围的人都为之惊异，州府的官员纷纷赶来观看，惊叹声接连不断。

待公文处理完毕，裴琰之深深地舒了一口气，将户佐叫过来，说道：“你将这些案卷给李大人送过去吧！”

李崇义见户佐到来，充满疑惑地问道：“怎么样？司户会处理公文吗？”

户佐不禁赞叹道：“这些案卷司户大人已经全部批完，司户的手笔实在太高了。”

李崇义有点怀疑地翻开案卷，看到批文语言优美，文笔精练，心里不禁暗暗夸赞：真不知裴琰之是这等奇人异士啊！

李崇义自觉惭愧，于是将裴琰之找来，向他道歉说：“你的文章写得如此好，何必隐藏锋芒，这都是我的过错啊！”

当天裴琰之的名声就传遍了全州，并因此被人称为“霹雳手”，不久就被提拔为雄州司户。

虽然裴琰之名声大振，但是他散漫懒惰的性格依然没有改变，致使他后来虽为官多年却没有什么大的作为，可以说白白浪费了一身的才华，实为可惜。如果他改变怠慢的性格，或者一直有人对他提醒警示，定能脱颖而出，流传青史。

【释评】

勤劳自古以来就是我们中华民族的优良传统，勤是成就事业的基础，社会的发展和进步也是由勤劳的人推动的。然而，懒惰似乎才是人的天性，很多人在没有压力的情况下，就会变得懈怠。所以，人在懈怠时就需要别人的督促和警告，否则就会无所作为、虚度人生。

【事典】

居功自傲的贺若弼

贺若弼是将门之后，父亲是北周将领贺若敦。贺若敦武艺超群，骁勇善战，但是却被朝廷任命为中州刺史，派去镇守函谷关，这招致他的极度不满，认为皇上大材小用，所以经常对朝廷有所抱怨。他的行为激怒了朝中大臣宇文护，遂将其召回京城，逼迫其自杀。

贺若敦在临死前，嘱咐自己的儿子贺若弼："我因为说话口无遮拦而招致杀身之祸，你不能不好好想想啊！"说完用锥子把贺若弼的舌头刺出血，以此告诫他要慎言。贺若弼谨记父亲的话，在朝为官期间一直谨言慎行。

北周武帝宇文邕在位期间，对太子宇文赟要求非常严格，平时要求他像大臣一样端正行为，如果发现其有过失之处，就会用棍棒、鞭子痛打他。所以太子在皇上面前一直规规矩矩，不敢有丝毫大意，然而在私下却行为不端，嗜酒成性，这引起众多大臣的非议和不满。

有一次，上柱国乌丸轨和贺若弼聊天，说道："太子品质不佳，恐怕以后无法身担大任。"

贺若弼表示赞同，于是让乌丸轨将此事上奏皇上。乌丸轨面见皇上，说："皇太子不是合适的帝王人选，我和贺若弼都这样认为。"

武帝急忙召见贺若弼问及此事。贺若弼谨记父亲生前的告诫，恐怕言语有失，便回答道："皇太子德行操守日有所新，我没有看到他的任何缺点。"

武帝这才放下心来。事后，乌丸轨指责贺若弼出卖自己，贺若弼却回答："如果我不有所隐瞒，就会失去性命。所以，我不敢随便评议太子。"

太子宇文赟继位后，因之前的事嫉恨乌丸轨，便借故将其诛杀，而贺若弼却免于灾祸。

宇文赟荒淫无道，滥施刑罚，导致国家日渐衰落，后来北周政权被外戚杨坚所夺。杨坚自立为帝，建立隋朝，是为隋文帝。隋文帝胸怀大志，想吞并江南、统一中原，于是请求朝中大臣推荐人才，有人说："朝臣之内，文武才干，没有能比得上贺若弼的。"

隋文帝表示赞同，于是给贺若弼封官晋爵，派他去平定陈国。贺若弼欣然答应，随后赋诗一首："交河骠骑幕，合浦伏波营，勿使麒麟上，无我二人名。"

从诗中可以看出他怀有一腔报国之心，意图大展身手。

隋文帝多次召群臣商议灭陈之策，贺若弼也曾献上取陈十策，获得隋文帝的称赞，并赠赐宝刀。

公元588年十月，隋文帝派军队兵分八路去攻打陈国，贺若弼被任命为行军总管，带领一路军去到广陵，主要集中在长江北岸。

贺若弼诡计多端，在攻陈之前，他做了大量准备。他知道南方人擅长水战，打仗需要大量船只。于是，他将军中的一些老马卖掉换取了很多船只，再将这些船只藏起来；然后又买了几十艘破船，放在河边。这样一来，陈国从表面上看到的只有那几十艘破船，所以他们以为隋军只有一些破旧船只，根本无法与他们抗衡，遂产生轻敌心理。

在士兵换防的时候，贺若弼故意让他们弄出很大的动静，还让士兵在江边射猎，导致陈国误以为隋朝要开始攻城了，于是做好战斗准备，但每次嘈杂过后又很快安静了下来。如此反复多次之后，陈国开始放松警惕，以为贺若弼不敢开战。

公元589年正月初一，陈军张灯结彩，欢度春节，正当他们沉浸在新年的快乐中时，贺若弼突然提前发起进攻，陈军猝不及防，溃散而逃，贺若弼率大军长驱直入，很快攻进陈国的国都。谁知西路军总管韩擒虎率先进入城门，俘获了陈后主，陈国由此灭亡。

捷报传到隋文帝耳中，他喜不自胜，对杨广说道："贺若弼和韩擒虎二人，真是深谋大略。九州不统一，已经有几百年了，如今凭他们这些名臣的功劳，来完成太平盛世的大业，还有什么天下大事能超过这些呢？听到这情况朕甚感欣慰。平定江南，是这两个人的力量啊！”

随后隋文帝下诏对贺若弼和韩擒虎说：“你们扬国威于万里之外，宣扬教化于江南一隅，使东南百姓从水深火热中摆脱出来，几百年的敌人十来天的时间就被清除干净，这都是你们的功劳啊。你们高高的名声塞于宇宙，昌盛的大业显耀于天地，远听前世古人之事，很少与你们能够匹敌。军队凯旋，知道为期不远了，我很想念你们，度日如年。”

待回到京城，二人在隋文帝面前各表功劳，互不相让。贺若弼说：“我在蒋山殊死作战，打败敌人的精锐部队，活捉敌人的勇将，威风大振，这才得以平定陈国。韩擒虎根本没怎么和敌人交锋，怎么能与我的功劳相比？”于是隋文帝赏赐他绢帛万段。

韩擒虎却说：“我奉晋王之命，让我和你的军队合在一起，来攻打陈国都城，然而你却提前起兵，直接和贼人对战，致使诸多将士战死沙场。而我带领精锐的骑兵五百人，武器不沾血，就攻下了金陵，捉住陈叔宝，使陈国投降。而你到晚上才攻到北掖门，还是我打开城门接纳的你。你的功劳怎能与我相比？”

隋文帝看二人争得面红耳赤，不禁安慰道：“你们两个人都有很大的功劳，都应授予特殊功勋。”

但是杨广却认为贺若弼没有听从统一号令而提前行动，是不守军规，应该受到处罚。隋文帝则认为可将功补过，并未对其进行问罪，遂对贺若弼进位上柱国，封爵宋国公，还赏赐了大量金银财宝。

灭陈战役以后，不但贺若弼的地位更加显赫，连他的哥哥和弟弟都一同加官晋爵。后来贺若弼家中珍宝不计其数，连婢妾都身穿绫罗绸缎，生活极度奢侈。

此时贺若弼再也无心顾及父亲的嘱托，他认为自己的功劳在群臣之上，开始骄傲自满起来，并常以宰相自诩。

有一次，太子杨广问贺若弼："杨素、韩擒虎、史万岁三人，俱称良将，你认为他们优劣如何？"

贺若弼不以为意地说："杨素不过是一名猛将，称不上谋将；韩擒虎是斗将，不是领将；而史万岁是骑将，也算不上大将。"

听贺若弼这么一说，太子很是不解，心想：莫非朝中还有比他们三人更厉害的大将？于是又问道："那谁是大将？"

贺若弼则自信满满地说："我就是太子选择的人。"

贺若弼认为只有他一人能称大将，朝野上下无人能及。

后来，朝中大臣杨素被皇上提拔为右仆射，而贺若弼依旧只是一个将军，这使贺若弼大为恼火，他并不认为杨素的才能高于自己，可偏偏被皇上提拔，所以心生怨愤，言语中更是嘲讽不断。皇上怎能容忍他如此以下犯上，于是一气之下将其投进监狱。

在狱中皇上质问他："我任命高颎、杨素为宰相，你却总是说这两个人是酒囊饭袋，这是什么意思？"

贺若弼回答说："高颎是我的老朋友，杨素是我的舅子。我知道他们的为人，所以才这样说的。"

这些话让隋文帝很是难堪，这明明就是说皇上不识人才，用人不当。

朝中大臣认为贺若弼怨气太重，以下犯上，请求处以死刑。隋文帝考虑了几天，看在他为隋朝立下了不少战功的情分上，还是不忍诛杀，于是将其免职为民，让他回家反省去了。

贺若弼军事才能出众，也曾叱咤一时，在灭陈行动中的确功不可没；然而因为居功自大，没有认清自己的身份，最终害了自己。

【释评】

"国有国法，家有家规"，在古代，朝中大臣即使声望再高、权力再重，也要遵循一定的规章或规定。而有些人偏偏仗着自己功劳在身，便以下犯上，以为可以将功抵过。此时必须对其进行惩罚，以儆效尤，否则别人也会纷纷效仿，让朝政变得混乱。

【事典】

割发自刑的曹操

古代军队行军打仗，常常长途跋涉，免不了会路过农田，有些将士为了行军方便，就会踏过农田，踩坏庄稼，影响收成。这使老百姓们既恨又怕。

当然历史上也有很多将军为了安抚百姓，收买人心，会下令：军中将士不许踩踏农田、毁坏庄稼。比如抗金英雄岳飞就是一位深得民心的将领，他从来不会损坏或者拿取老百姓任何一件物品，违者必斩，所以他军中无人敢胡作非为，深受老百姓的拥护和爱戴。

而三国时期的曹操在带兵打仗期间同样治军严明、执法如山。

有一次，曹操亲自率领大军讨伐张绣。行军途中，经过一大片麦地。他见到道路两侧麦子已经成熟，但不见一个农民收割，于是感到纳闷。经过询问得知，农民们因为惧怕官兵，都逃往他处，不敢到地里收割麦子。

曹操感到十分愧疚，心想：看来大军通过的确给百姓造成了很多麻烦，不如趁现在申明一下军纪，正好也可以趁机收揽民心。

于是曹操让官兵停下来，派人传令下去："所有官兵，无论大小，都不许践踏麦田，凡有违令者，必将斩首。"然后让官兵特意告知周围的百姓和守城的官吏："我们是奉当今皇上之命讨伐逆贼，是在为民除害，的确是迫不得已才在麦子成熟期间起兵。不过请大家放心，我们不会损坏你们的庄稼。如果百姓发现有谁违反纪律，请立马报告，我们定当按军规执行，绝不宽容。"

百姓本来害怕官兵，但听到曹操这么一说，便放下心来，并跪下来对其千恩万谢。

于是，所有官兵在经过麦田时都下马步行，并用手扶着麦子，小心翼翼地从麦垄之间通过，生怕将麦田损毁。

不料，此时突然从麦田中飞起一只斑鸠，刚好从曹操马前飞过，直接冲向天空。这突如其来的一幕把曹操的马吓得一惊，随即闯入麦田，践踏了一片庄稼。

曹操顿时感到非常尴尬，虽然是无心之失，但之前下令不许踩坏庄稼，想不到自己的马却闯进麦田。周围的官兵们也面面相觑，不知如何是好。

不过曹操很快镇静下来，他叫来行军的主簿，说道："把纸笔拿过来，记下我践踏麦子的罪行。"

主簿战战兢兢，哪敢照办，回道："您是当今丞相，又是带兵的将军，我怎么敢记录您的罪行？"

曹操大怒，说道："我自己制定的法令，而我却触犯了，如果不受到惩罚又怎么让别人遵守呢？"

说着，曹操举起手中的剑，就想自刎而死。

官兵们吓得惊慌失措，急忙上前制止。

这时，队伍中走出一个人，此人正是曹操的谋士郭嘉，他说道："将军，《春秋》中曾说过，法律不适用于皇帝和有帝权的人。您是当今丞相，自然不用受到法律的惩罚。"

听完此话，曹操沉思了好久，缓缓地说："好吧，既然如此，那我暂且可以免于一死，但是不能免予惩罚。"

随即，他拔剑将自己的一绺头发割下，扔到地上，说道："今天我就用头发代替首级了。"

古人云，身体发肤，受之父母。若有损毁，便是不孝。可见，在古代，头发和身体是一样重要的。

此时，曹操割发抵罪，也算是对自己的一种惩罚了。

之后曹操让人传令三军："我无意中践踏了麦田，本来按照法令应该斩首，但是今天就以发代首，自我惩罚了。"

三军将士听到曹操的话之后，不禁对其肃然起敬。之后，官兵知道曹操执法严明，都不敢违抗法令了。

【释评】

“不以规矩，不能成方圆”，可见规矩在现实生活中的重要性。我们做任何事情都需要遵循一定的规矩，规矩是用来约束行为的，遵守它既能让我们不触犯法律，不违反道德，也可以保证我们自身安然无恙，否则可能会给自己带来祸患。

二、举贤任才，知人善任

【原文】

上驭才焉。下驭庸焉。才不侍昏主。庸不从贤者。驭才自明。驭庸自谦。举之勿遗。用之勿苛也。待之勿薄。罚之勿轻也。

【译文】

上司不但要能够管理和驾驭有才能的人，还要能够管理水平较低的人。一个有才能的人，不会追随一个平庸的领导者。一个平庸的人，也无法追随一个英明的领导者。领导有才干的人，要做到明察秋毫。驾驭平庸的人，要做到谦虚和蔼。安排下属工作时，要了解他们的擅长领域。领导对下属不要过于苛刻。对待人才的待遇不要微薄。处罚人才时，绝对不能手软。

【事典】

刘邦慧眼识陈平

刘邦是中国历史上第一位草根皇帝，他出身卑微，却有着长远的眼光和独特的领导才能。他非常注重选拔和使用人才，无论在带兵起义期间还是登基为帝后，他的身边都有一大批精英人才为其所用，陈平就是其中非常有代表性的一位。

陈平原本是项羽部下谋士，但是因项羽心胸狭窄，差点将陈平杀掉，于是陈平逃到刘邦军中，打算为刘邦效力。在面见刘邦后，陈平与他畅谈天下大事。陈平的深谋远虑得到了刘邦的认同和赞赏，于是刘邦将他留在身边。

但是军中将领都说陈平品行不端，贪图富贵，不可重用。刘邦架不住大家的劝说，心生怀疑，便去质问陈平："你原来帮助楚霸王，现在又来帮助我，这怎么不让别人怀疑你的信义呢？"

陈平却平静地说："同样一件有用的东西，在不同的人手里作用不同。我帮助楚霸王，霸王不信任我，所以我才来归附大王。我虽然还是我，但用我的人却不一样了。我久慕大王善于用人，所以才不远千里来投奔。我来到这里什么都没有，所以才接受了人家的礼物。没有钱，我就无法生活，也就办不了事。如果大王听信谗言，不起用我，那么，我收下的那些礼物还没有动用，我可以全部交出来，请大王给我一条生路，让我辞职回家，老死故乡。"

刘邦听到这番话，顿时打消了疑虑，还对陈平的好感提升了一大截，故提升他为护军中尉，专门监督诸将，并给予其很多赏赐。陈平见受到刘邦如此重视，心里感激不尽，之后忠心耿耿地追随刘邦，为其夺取天下出谋划策。

在刘邦和项羽战争最激烈的时候，刘邦被围困在荥阳城内达一年之久，外面的粮草无法运送进城，此时城内粮食接近断绝，刘邦焦急万分。刘邦向项羽求和，以保全性命，然而遭到了项羽的拒绝。

陈平对项羽颇为了解，知道他猜忌多疑，难成大事，而项羽能够有现在的成就完全依附于手下的能人志士。其中钟离昧是项羽军中功劳最大的将领，而范增则是项羽手下最重要的谋士，如果能将这二人除掉，荥阳之围指定可解。于是陈平想到了一招“反间计”。

陈平让刘邦从仓库里拿出四万斤黄金，买通项羽手下的一些将领，让他们散布谣言，说：“在项羽的部下里，范增和钟离昧的功劳最大，却无法自立为王，所以他们心怀不满。其实他俩早已经和汉王商量好了，要联手将项羽消灭，然后分占项羽的国土。”

项羽本就城府不够，疑心太重，当这些话传到他耳中时，他立马信以为真，开始疏远钟离昧，重要的事情也不再和钟离昧商量。

为了继续让项羽相信传言，陈平又想出了一条更毒的计谋。

一天，项羽派使者到刘邦营中商量事宜，陈平故意给使者安排在一个精致的房间，并为他准备了精美的餐具，还把他请到上座。陈平不停地向使者询问范增的近况如何，然后靠近使者低声问道：“范增有什么吩咐吗？”

使者不懂他的意思，就说道：“我是项羽派来的，不是范增派来的。”

陈平故作吃惊地说：“哦，原来是这样，我还以为你是范增派来的呢。”

随后，陈平出去了，并让手下的人将使者换到一个简陋的房间中，还换掉精美的餐具，用粗茶淡饭招待他。

使者感觉受到了莫大的羞辱，非常生气，回去以后就把事情原原本本地告诉了项羽。项羽一听，火冒三丈，他更加确信范增真的背叛了自己。之后，范增再向项羽提议，项羽都置之不理。后来范增了解了实情，知道项羽受到刘邦一方的挑拨，已经不再信任自己了，于是向项羽辞行，告老还乡。

项羽并未挽留，直接答应了范增的请求。可惜范增对项羽一片赤诚之心，却无故受到猜疑，心里气愤不已，再加上年事已高，在回家途中病倒，很快便撒手人寰。就这样，陈平用一个小小的计谋就轻而易举地清除了项羽身边的两大重要人物，为刘邦的突围扫除了一大障碍。

后来，项羽猛攻荥阳，在这危急时刻，陈平又给刘邦献策："请大王快速给项羽写一封诈降信，约他在东门见面。项羽肯定会将大军布置在东门外，我们再想办法把其余三个门的卫士引到东门，这样大王就可以从西门冲出去了。"

接着，陈平找了一个相貌和刘邦相像的人，让他化装成刘邦去会见项羽。项羽带人来到东门时，"假刘邦"乘着黄屋车从东门而出，卫士们大声喊道："城中粮食吃光了，汉王投降。"

听到这话，其余守门的卫士全部跑去东门观看，趁着混乱之时，刘邦带着陈平、张良、樊哙等人杀开一条血路，已向关中方向逃去。

项羽见车上的人不是刘邦，于是问道："汉王在哪里？"

"假刘邦"回道："汉王已经出城了。"

此时项羽才知中计，但已经晚了。

刘邦在被围困之际，韩信正在齐地节节胜利，他趁着刘邦陷入困境之时派人向刘邦送信说："齐国狡诈多变，反复无常，南边又与楚国相邻，如不设立一个代理王来统治，局势将不会安定。我希望做代理齐王，这样对形势有利。"

刘邦一听，顿时怒火中烧，不禁大骂道："我被困在这里这么久了，天天盼着他到这儿来助我，如今他不但不来相助，反而要自立为王！"

说到这里，刘邦忽然感觉脚下有人踢他，知道自己言语有失，立马住口。原来是陈平在暗中阻止，陈平压低声音对刘邦说道："如今的处境对我们不利，韩信手握重兵，你怎么能阻止得了他称王呢？不如就借此机会立他为王，好好善待他，使他自守一方，否则可能会发生变乱。"

刘邦何等聪明，立马明白了陈平的意思，然后转怒为喜，说道："韩信是我手下大将，他平定了诸侯，为我立下汗马之功，索要封赏理所应当，只是要做就做个真王，何必做什么代理王呢？"

于是，刘邦立马封韩信为齐王。此事假如刘邦处理不当，激怒韩信，韩信很可能会带兵造反，后果将不堪设想。

后来，在刘邦消灭项羽的过程中，韩信的部队起到了不可或缺的作用。在他们的帮助下，刘邦终于赢得了持续四年之久的楚汉之争的胜利，完成了统一天下的大业，而这一切多亏了陈平的及时提醒。

【释评】

有才能的人在一个组织中的作用不言而喻，他们可以“以一敌十”。管理有才能的人，需要领导者具有足够的智慧和远大的目光。领导者应该给他们足够的信任和更广的发展空间，让他们充分发挥自己的潜力和优势，以创造更多的价值。

【事典】

变法强秦的商鞅

商鞅生活于七雄争霸的战国时期，他年轻有为，喜欢刑名法术之学，后被魏国的国相公叔痤看中，成为公叔痤府中的中庶子。

公叔痤知道商鞅有雄才大略，一直有意栽培，打算把他推向重要职位，成为国家的栋梁之材。然而，公叔痤还没来得及推荐商鞅，就重病不起。

一天，魏国的国君魏惠王前来探望公叔痤，他看到公叔痤病情严重，便忧心忡忡地问："国相，如果你有一天遭遇不测，那国家的社稷可怎么办啊？"

公叔痤听到国君的询问，知道推荐商鞅的机会来了，立刻回答："在我府中任中庶子一职的商鞅，才能非凡，我死后，希望国君任命他为国相，把国家大事交给他处理。"

魏惠王不以为然，并未应允。

公叔痤接着又说："国君如果不用他，那一定要杀了他，千万别让他投奔他国。"

魏惠王依然未做回答，出来后对左右大臣说："不觉得很可悲吗？公叔痤这么贤德的人竟然让寡人在国事上一定要听从商鞅的，这不是很荒谬吗？"

魏惠王认为商鞅不过是一个不知名的小官，并无什么大的才干，根本无法担起国相一职，即使投奔他国也不会对魏国造成什么影响；公叔痤的话不过是因为重病导致神志不清才胡言乱语的。

公叔痤看出了魏惠王的心思，等魏惠王离开后公叔痤立马召商鞅来见，向他讲述了刚才的事情，并告诉他："你现在赶紧离开魏国，免得招来杀身之祸。"

商鞅却无半点惊慌之色，他说："大王没有听你的话重用我，又怎么会听你的话杀掉我呢，所以我无须担心。"

果真如商鞅所料，魏惠王对商鞅没有采取任何行动。待公叔痤去世后，商鞅毅然离开了魏国，投奔了正在招贤纳士的秦国。

当时的秦国因为地处偏僻，国势微弱，并不被其他诸侯国放在眼里。然而，秦孝公继位后，励精图治，希望壮大秦国，于是，招揽天下有才之士，为秦国出谋划策。

商鞅通过秦孝公的宠臣景监见到了秦孝公。在经过几次会面之后，商鞅终于知道了秦孝公心怀大志，意图争霸天下。于是他开始向秦孝公阔谈富国强兵之策。这一次，商鞅的言论深深地触动了秦孝公，他突然对商鞅有种相见恨晚的感觉，二人接连畅谈了数日。

公元前359年，秦孝公采用了商鞅的建议打算在全国进行变法，于是召开朝会让臣子们商议此事。

一些守旧贵族自然不会同意，他们认为应该继续效仿之前的法制，不能更改，然而却遭到商鞅的强烈反驳。

商鞅义正词严地说道："以前的朝代制度各不相同，应该去效法哪个朝代的古法呢？伏羲、神农教化民众不施行诛杀，黄帝、尧、舜虽然施行诛杀但不株连，到了周文王和周武王时代，他们各自顺应时势建立了法度，根据国家的具体情况制定了礼制……商汤、周武王称王于天下，并不是因为他们遵循了古代法度；殷朝和夏朝的灭亡，正是因为他们不肯改革旧的礼制。"

这一番话听得那些守旧派目瞪口呆，他们虽然心里不赞成但似乎也没有了反对的理由。

首先，秦孝公命商鞅在秦国颁布了《垦草令》，作为变法的开端。其主要内容有：刺激农业生产，抑制商业发展，削弱贵族和官吏的特权，让国内贵族加入农业生产中、实行统一的税租制度等。

《垦草令》鼓励农业生产，同时要求中下层贵族也参与到农业生产中。这对整个秦国都是有利的，可以提高粮食产量，增加战争资源。

在《垦草令》实施以后，秦孝公任命商鞅为左庶长，开始真正在秦国实行大刀阔斧的改革。

后来商鞅又先后制定了一系列的法令，包括改革户籍制度、实行什伍连坐法、明令军法奖励军功、废除世卿世禄制度、奖励耕织、重农抑商、开阡陌封疆、废井田、制辕田、允许土地私有及买卖等。

其中军功制从根本上触动了贵族的利益：因为之前旧贵族的爵位是世袭的，只要祖辈有过军功和奖赏，他们就可以一直享用祖辈的功劳。然而新的法令却要求按军功大小来分封爵位和田宅，那些没有军功的贵族自然会失去他们拥有的一切。

当然在剥夺一些贵族权力的同时，新法也给了普通士兵“因战而贵”的机会，无论其在军中职位大小，只要立下战功，就可以根据军功大小得到相应的爵位和奖赏。然而，很多百姓对此不敢置信，于是商鞅想到一个办法。

商鞅派人在国都的城门下立了一根三丈长的木头，并当场宣布：如果谁将这根木头搬到北门，就可以得到十两黄金作为奖赏。老百姓过来看热闹的不少，但是没人去动那根木头，因为他们都不相信会有这样的好事。

不一会儿，商鞅再次发布命令：只要谁把这根木头搬到北门，我就奖赏他五十两黄金。

周围的人一听立马沸腾了，只见从人群中走出一位壮汉，搬起木头就走，并将之放到北门下。商鞅见了直接把五十两黄金送到这位壮士手中。周围的群众都惊讶不已，同时也更加确信商鞅是一个言而有信的人，当然对新法令也开始深信不疑。

有了百姓的支持，新法令的实行更加顺利。

商鞅在秦国的两次变法，使秦国的政治、经济、思想和军事都得到了彻底的改变，秦国由此变得越来越强大。

公元前 341 年，秦孝公派商鞅为主将，联合齐、赵两国一起攻打魏国，魏国派出公子卬迎战。商鞅在魏国期间，曾和公子卬有过交往，所以在两军对峙之时，商鞅派人给魏国的主将公子卬送了一封信，上面写道："当初在魏国国相府中，我与公子相处十分愉快。如今，不幸我们成为敌人，但是我实在不忍心与公子交战。不如我们见个面，共同谈论一下国事，尽量让秦魏两国订下一个和平盟约，然后我们畅饮几杯，各自撤兵。"

公子卬果然信以为真，前去赴会。商鞅却早已派士兵暗中埋伏，他们正在宴饮之时，商鞅一声令下，伏兵立马上前将公子卬擒获，商鞅趁机攻打魏兵，致使魏国大败，魏惠王只能被迫割让部分土地求和。

此时，魏惠王悲痛地说道："寡人真后悔当初没有听公叔痤的话啊！"

不得不说魏惠王的确是目光短浅，所以才错失了商鞅这样的贤德之才，但是当他醒悟过来，悔之晚矣。

【**释评**】

一个真正有才能的人，需要找到一个慧眼识珠并有远大抱负的领导者，这样他才能大显身手，实现自己的梦想和目标。他绝不会追随一个平庸的领导者，甘愿被压制和埋没。虽说"是金子在哪里都可以发光"，但是深埋地下的金子依然需要被人发现才能发挥它的价值。

【事典】

驱赶门客的廉颇

春秋战国时期，诸侯纷争，战火不断，王公贵族们为了挽救自己的国家免于灾难，广招天下贤士，豢养门客。其中最有名的就是“战国四公子”，他们门客众多，名震一时。其实大将廉颇在风光得意之时也曾有大批贤士前来投奔。

廉颇是“战国四大名将”之一，他征战沙场数十年，战功赫赫。

赵惠文王在位时，齐国实力最为强盛，为了打击齐国的实力，燕、赵、秦、韩、魏五国联合起来共同抗击齐国，将齐国大败。廉颇勇猛无比，在此次战役中崭露头角，带领赵军长驱深入齐国境内，攻取阳晋，威震诸侯。待廉颇回朝，赵惠文王拜其为上卿。

后来廉颇又多次出战，几无败绩，这让国君对其越来越赏识。此时，廉颇风光正盛，大批有识之士前来投奔，廉颇就将他们收为门客，一是让他们为自己出谋划策，二是显示自己的身份，给自己留个好名声。廉颇为人忠义，凡是来投奔者都会给予非常优厚的待遇。

后来，赵惠文王驾崩，赵孝成王即位。

赵孝成王四年（前 262），秦国进攻韩国，将韩国的上党郡与本土的联系完全截断。韩王十分害怕，便派人去秦国谢罪，并承诺将上党的土地割给秦国，以求秦国息兵。然而，上党郡郡守冯亭不愿投降秦国，他就想利用赵国的力量抵抗秦国，于是把上党的十七座城池献给赵国。

赵孝成王贪婪又愚蠢，直接把上党之地接收过来，根本没想到后果。结果秦王大怒，派兵对赵国进行讨伐，于是，赵孝成王派廉颇迎战，两军在长平一带交会。然而，因为此次战役赵军长途跋涉，并不占优势，廉颇数次战败。不得已之下，廉颇只能加固城池，避战不出，以此拖垮秦军的耐力。

他的这一行为却惹怒了赵孝成王，他不顾实际情况，几次催促廉颇出兵。然而“将在外，军令有所不受”，廉颇一直未听从赵孝成王的意见，依然坚守不出。

秦国怕拖延时间太长对己不利，便想出了一招“反间计”。秦国找人花重金买通了赵王身边的人，让他们在赵王身边扇耳旁风，说：“廉颇实力不足，最容易对付，他根本不足为惧。其实秦国真正害怕的是赵括，如果让赵括带兵，秦军肯定会被吓得闻风丧胆。”

结果，赵孝成王听信谗言，毫不犹豫地将廉颇免职，让其回家养老，改任赵括为将军。

廉颇回家后，那些门客知道他已失势，纷纷离他而去，逃得无影无踪，廉颇心寒至极。之前廉颇并不曾亏待他们，本以为他们会像自己对他们那样，不离不弃，想不到，现在自己一时落难，他们却如一窝蜂般地一哄而散。

后来，赵括因为兵败被杀，致使全国损失壮丁四十多万人，国家陷入前所未有的危机之中。燕国看赵国兵败，便想趁机攻击，赵孝成王只好再次起用廉颇为将军，让其领兵反击。

廉颇不辱使命，很快就将燕国打败，并包围其都城，燕国只能割地解围。战后，赵王把尉文一地封给廉颇，赐号“信平君”，并授官假相国，廉颇再次威震全国。

听说廉颇重新受到皇帝重用，之前离开的那些门客又很快回到了廉颇府上，想继续为之效力，然而廉颇早已看透人心，将他们都拒之门外。门客们不但不觉得羞愧，反而理直气壮地说：“将军不能过于固执，我们的做法有什么错？交朋友就像市场上的买卖一样，您有权有势，我们就跟随您，您没有权势的时候，我们就离开，这本是买卖常理。您又有什么可埋怨的呢？”

然而，无论他们怎么说，廉颇都不再接收他们，从此以后，廉颇再也没有养过任何门客。

从中我们可以看出，那些门客不过是自私自利的平庸之辈，他们趋炎附势，心中只有自己，环境对自己发展不利时就会立马逃走。他们没有长远的眼光，更不懂什么是忠义道德。而廉颇身为国家大将，怎么会容忍得了这样的人围在自己身边呢？

【释评】

平庸的人鼠目寸光，唯利是图，他们只在乎眼前的利益。当跟随的领导得势时，他们就会趋之若鹜，蜂拥而至；当领导失势时，他们便一哄而散，各奔东西。而英明的领导者只会选择那些忠诚友好且能陪自己渡过难关的人，放弃那些自私自利的蛇鼠之辈。

【事典】

独具慧眼的汉昭帝

霍光是汉武帝时期的一大重臣，他十几岁时便被霍去病推荐入朝为官，服侍汉武帝刘彻。在服侍汉武帝的二十多年间，他一直兢兢业业，小心谨慎，从未出过任何差错，因此深得汉武帝的信任。

征和二年（前 91），太子刘据因被人诬陷被迫自尽，导致朝中太子之位空缺。汉武帝决定立皇子弗陵为太子，然而当时弗陵年仅几岁，并无管理朝中事务的能力，于是，汉武帝就有意让霍光来当辅政大臣，他令黄门画工绘了一幅《周公辅成王朝诸侯图》赐给霍光，暗示霍光要像周公辅成王一样辅佐弗陵。

后元二年（前 87）春，汉武帝病重，病榻前，霍光流涕问道："如果陛下归天，该由谁继承皇位？"

武帝说："你难道还不明白上次图画的意思吗？立少子刘弗陵为帝，你做周公的事。"

于是，武帝升霍光为大司马、大将军，作为首辅大臣，与丞相田千秋、车骑将军金日磾、左将军上官桀、御史大夫桑弘羊等人共同辅佐少主。

第二天，武帝驾崩，年仅八岁的刘弗陵即位，是为汉昭帝。

霍光做事认真，秉性端正，昭帝即位后，政令都由霍光发布，天下人都对他寄予厚望。然而，霍光的辅政之路并不顺畅。

于皇室而言，霍光毕竟是外姓氏族，如果权力过大不免被人猜忌有夺权篡位之嫌，所以有人提醒霍光："将军没有吸取当初吕氏家族灭亡的教训吗？吕氏主持朝政，疏远宗室，最后失去了天下人的信任，导致灭亡。如今将军身居高位，皇上年幼，应当纳用宗室，并多与大臣共商政事，以免除祸患。"

霍光听后，觉得有理，于是任命楚王刘交之孙刘辟强为光禄大夫兼长乐宫卫尉，宗室刘长乐为光禄大夫。

汉昭帝年纪太小，因此朝中大臣和皇室成员对皇帝并无忌惮之心，时间久了都开始流露出私心，徇私枉法。

上官桀和霍光本来是儿女亲家，霍光的女儿嫁给了上官桀的儿子上官安为妻，所以二人关系密切，在官场上常常互相帮助。在霍光休假时，上官桀常常进宫替他处理政事。

这年，上官安为了给自己赢得加官晋爵的机会，竟然打算将自己5岁的女儿送给12岁的汉昭帝做皇后，但是遭到霍光的强烈反对，由此上官桀父子对霍光产生了记恨之心。

然而上官安并没有因为霍光的反对而死心，他通过贿赂盖长公主，终于将女儿在6岁那年送入宫中，几个月后，便被封为皇后。

之后，上官安一路升迁，他在盖长公主的庇护下越来越狂傲，要求霍光将他的亲信封官加爵，却屡次遭到霍光的反对。至此，上官桀父子和霍光彻底反目。

后来，御史大夫桑弘羊和霍光也出现了政见不和。桑弘羊坚持继续汉武帝在战争期间实施的盐铁专卖，不顾百姓死活，将财政紧紧掌控在国家的手中。而霍光则要让百姓休养生息，改善民生凋敝的现状。于是，霍光下令取消了酒类专卖和部分地区的盐铁专卖。这一改革深得民心，却让桑弘羊对霍光产生了芥蒂。桑弘羊开始站到上官桀一方，二人共同对抗霍光。

与此同时，另一位重要的人物也开始和霍光作对，他就是汉昭帝的哥哥刘旦。本来在前太子出事以后，刘旦想征得汉武帝的同意回京，准备接替太子之位，却受到汉武帝的斥责和惩罚。但是他一直心有不甘，认为帝位应该属于自己，所以就和上官桀、桑弘羊等人勾结在一起，策划谋反。

要想夺得帝位，首先得铲除霍光，然而霍光对皇上忠心耿耿，他们似乎抓不住什么把柄，于是就打算捏造罪名诬陷霍光。

当时，霍光为尚书令，所有的奏折必须先经他过目，所以上官桀只能在霍光休假之时，假借刘旦的名义，向汉昭帝上书，说：“霍光把郎官和羽林军都集中起来操练，道上戒严，太官先到目的地安排。”又说：“霍光又擅自选拔增加自己幕府的校尉。霍光如此专权放纵，臣怀疑他有图谋不轨之心。臣愿意归还符节玺印，回京入宫侍卫，提防奸臣的意外之变。”

这封奏章中不但指出霍光越权行事，还指出他私自在朝中安排亲信、结党营私。

上官桀打算把奏书给皇帝过目后便交给有司，再由桑弘羊和其他大臣一同胁迫昭帝罢黜霍光。

但是他们却小看了年仅 14 岁的汉昭帝，对于霍光的为人和行事方式汉昭帝心知肚明，知道他并无私心，为国尽职尽责，奏章纯属有意陷害。并且汉昭帝对于刘旦想“回京保驾”的提议疑心重重，他猜定刘旦已有谋反之心。于是，汉昭帝将这份奏章扣押了下来，并未交给有司。

第二天，霍光听说了此事，不敢进殿。汉昭帝问道：“大将军在哪儿？”

上官桀回答：“因为燕王揭发了他的罪行，所以他吓得不敢进来。”

汉昭帝得知后，下诏召霍光进殿。霍光赶紧摘掉帽子，叩头认罪，汉昭帝说：“你戴上帽子，朕知道你没有罪，这份奏折是假的。”

霍光大吃一惊，疑惑地问道：“皇上怎么知道奏折是假的？”

汉昭帝说：“你近日才去广明练兵，选拔校尉的事还没有十天，燕王怎么会知道呢？再说你要干坏事，也不需要增加校尉。”

这番话完全出乎上官桀等人的意料，他们没想到皇上小小年纪说话竟然条理清晰，有理有据。

之后，上官桀等人再次进献谗言，汉昭帝气急败坏地说：“大将军是忠臣，先帝嘱托他辅佐我，谁敢毁谤他我就依法治罪。”吓得上官桀等人再也不敢说话。

然而，事情到此并未终止，上官桀等人看无法通过汉昭帝扳倒霍光，便想用计谋杀死霍光，然后废除汉昭帝，另立刘旦为帝。

他们原本打算让盖长公主宴请霍光，在宴会上将霍光杀死，然而没想到的是，有人将这一计划报告给了皇上。汉昭帝听闻吓得惊出一身冷汗，意欲谋反可是十恶不赦之罪。汉昭帝马上下诏，将上官桀、上官安、丁外人等一干人等逮捕并诛三族。

刘旦、盖长公主知道难逃一死，在家自缢而死。

至此，霍光成为朝中唯一的“托孤大臣”，也成为最重要的决策者。后来，霍光一直尽心尽力辅佐汉昭帝，使汉朝国力迅速发展壮大起来，百姓生活富足，周边民族都对汉朝恭敬有加。

【释评】

作为一个领导，如果遇到精明能干的下属，是一件值得庆幸的事。有才干的人会为上司带来巨大的利益，当然，有千里马也必须得有伯乐，这就要求领导也要有一双善于明察秋毫的慧眼，这样才能明辨是非，让有才能的人充分发挥自己的能力。

【事典】

裴寂的辅佐之功

裴寂原是隋朝大臣，后来跟随李渊一起在晋阳起兵，但是因才智平庸，在作战时，每战必败，后来入唐为官，也毫无政绩，却受到唐朝两代皇帝的信任和赏识。

裴寂原本出身显赫，但父亲死后家道中落。他十四岁就步入仕途，但因为长相眉清目秀，看起来温文尔雅。最初他只是一个低级侍卫，直到隋炀帝即位后，他才被任命为晋阳宫副监。

晋阳的地理位置十分险要，是当时的军事重地，亦是府库所在地，这里拥有大量的兵器和铠甲，还有粮食和布帛等物资。裴寂作为这里的副监，虽然官位不高，却握有真正的实权。

在晋阳，裴寂认识了刘文静，二人来往密切。当时，唐国公李渊是太原留守、晋阳宫监，属于这一地区的最高军政长官。刘文静认为李渊胸怀大志，是个做大事的人才，所以与之结交。自然而然地，裴寂与李渊也就渐渐熟悉了起来，成为密友。从官品上来论，裴寂与李渊相差悬殊，然而二人义气相投，志同道合，所以经常一起把酒言欢，关系越来越密切。

隋朝末年，国家动乱，朝廷内部隋炀帝杨广生性残暴，擅自诛杀文武大臣，外部农民起义此起彼伏，中原大地上烽烟四起，导致朝廷上下人心惶惶。

李世民在晋阳暗中结交豪杰，网罗各种人才，意图举兵反隋。但是李世民不敢向父亲李渊直言，毕竟父亲是隋朝大臣，还是皇亲国戚，怕受其指责。所以李世民想办法找到了裴寂，向他讲明了自己的想法，想让其探明父亲的意思。

以前刘文静常对裴寂说：“李渊次子李世民绝非平庸之辈。他豁达大度，神武雄豪，是可以与汉高帝相提并论的人物，他虽然年纪轻轻，却有雄才大志。”

开始，裴寂还不以为然，现在看来，李世民的确是心怀天下之人。

于是裴寂找到李渊，请他喝酒，正在高兴之时，裴寂向李渊提起此事，说道："世民暗中招兵买马，欲行大事。如今天下大乱，盗贼遍布天下。若举义兵，必能成事。您意下如何？"

李渊并未表现出任何吃惊，而是很自然地说道："我儿既已定计，就这么办吧。"

其实，李渊也早有反隋之意，他在刚到任太原留守时就对李世民说："唐本就是我的封国，太原就是唐所在之地。如今我来到此处，是为天赐良机，赐予却不取，灾祸将要来临。但历山飞不破，突厥不和，没有办法经邦济时。"

话中可以听出李渊是一个老谋深算之人，早有起兵的意图和策略，他在镇压农民起义的过程中，就在不断招纳叛军，扩充自己的实力。

大业十三年（617），李渊治下的刘武周举兵反隋，隋炀帝闻讯后大怒，要给李渊治罪，李渊非常害怕，偷偷告诉李世民："事情紧急，可以举事了。"

后来隋炀帝又赦免了李渊，但是此事已经坚定了李渊起兵的决心。他开始在各地招兵买马，仅一个月的时间便召集部众近万人，又暗中派人召儿子李建成、李元吉至晋阳，以"讨伐刘武周，防备突厥南下"为名在晋阳起兵。

裴寂私自开启府库，将晋阳宫中的九万斛粮草、五万段杂彩、四十万领甲胄送给李渊，充作军用。

后李渊建立大将军府，又任命裴寂为长史，赐爵闻喜县公。

很快，李渊带兵攻进长安，此时隋炀帝正在江都南巡，于是李渊将杨侑扶上帝位，尊隋炀帝为太上皇。李渊自任大丞相，任命裴寂为大丞相府长史，进封魏国公。其实，十几岁的杨侑不过是李渊扶持的一个傀儡，根本没有任何权力。

第二年，隋炀帝在江都兵变中被禁军杀死，裴寂劝李渊称帝，却被李渊拒绝，裴寂又说："夏桀、商纣皆有后代，但成汤、周武却没有辅佐他们。我裴寂的爵位、官职，都是唐国所封。陛下若不称帝，臣当辞官。"

假意推辞的李渊终于在众人的劝说下，"被迫"答应了下来。后来他择取吉日，受禅称帝，确立国号为唐，史称唐高祖。

李渊因为对裴寂怀有感激之情，遂拜其为尚书右仆射，裴寂成为宰相，每日还获赐御膳。李渊每次临朝，必请裴寂同坐，散朝之后也把他留在宫中，对他言听计从，对其只称“裴监”。在满朝文武大臣之中，唯有裴寂待遇最高。

此时在李渊眼中，裴寂的功劳无人能及，认为他是治世的能臣。但是李渊却不知自己看走了眼，裴寂不过是群臣中最普通的一员，根本不堪重任。

武德二年（619），刘武周派宋金刚入侵太原，唐军首领相继战死，李渊异常愁闷。为了解李渊当务之急，裴寂主动请缨，要求率军征讨。李渊便任命他为晋州道行军总管，还授予他便宜行事的特权。

然而裴寂根本不是将帅之才，他不懂如何用兵，也没有带兵打仗的经验与能力。他带领大军到达太原城外时，根本没有对地形地势进行考察，就直接在城外的介山下安营扎寨。待大军全部安顿完毕，他才发现营地位置缺水，无法供应军营用水，更无法烧火做饭。于是裴寂派人到附近寻找水源，大家忍饥挨饿，到处寻找，最后才发现山涧的水路早已经被宋金刚截断，水根本流不到这里来。

无奈之下，裴寂只能带兵移营，所以大军又重新收拾装备，散乱无章。宋金刚趁机出兵，唐军大败，死伤无数，唐兵毫无准备，吓得四处逃窜。裴寂更是掉头就跑，一直跑了一天一夜，直到晋州，方才停了下来，但是晋州以东的城镇则全部丢失。裴寂上表请罪，李渊不但没有怪罪，还下诏对其进行安慰。

随后，夏县百姓吕崇茂趁机造反，并响应刘武周，将当地的县令杀死。裴寂听闻，带兵前来征讨，然而最终依然以失败告终。

李渊得知后震怒，将裴寂召回朝中，指责道：“起兵初期，你有辅佐之功，官爵已到极点。这次抵御刘武周，本来兵力足以破敌，你却败亡至此，难道就不感到惭愧吗？”遂将其投进监狱，但是不久就又将其释放，依然对其极尽恩宠和信任。后来，李渊每次出巡，都会命裴寂留守长安。

有一次，有人揭发裴寂谋反，李渊派人调查，最后查无实据。李渊怕裴寂多想，便对其抚慰道：“朕能取得天下，本来就是您所促成的，您又怎么会怀有二心呢？

朕听到流言之所以会派人去查，无非就是告诉天下之人，相信您是不会谋反的。”

武德六年(623)，李渊升裴寂为尚书左仆射，并赐宴于他，裴寂趁机请求辞官，回家养老。李渊并未同意，还泪流满面地表示要与裴寂相偕终老。

裴寂的官职虽然一升再升，但是他没有辅政之能，他为官期间，政法方面纰漏极多，地方官吏施政紊乱，很多都是裴寂不会理政导致的失误。然而，皇上对其并无任何责罚。

后来，李渊退位，李世民登上帝位，他对裴寂依然尊敬有加。一次，李世民到南郊祭祀，命裴寂与长孙无忌同乘御辇。

裴寂推辞，不敢乘坐，李世民说道：“您有佐命之勋，无忌也效力于我，能够和我同乘一车的，除了你们二人还有谁呢？”

于是他们一同乘车而回。

唐朝初期，朝中能人志士很多，而裴寂无论能力还是才学都不出众，李渊和李世民却一直以礼相待，是因为裴寂始终怀有一颗忠心，并且他在最重要的时刻给予了他们巨大的帮助。

【释评】

平庸的人在能力和学识上比不过优秀者，所以面对众多优秀者时，他们内心总是惶恐不安的，所以驾驭他们一定要做到谦虚和蔼，不能过于苛刻和严厉。平庸的人做事往往不会让领导者满意，这时需要给他们更多的鼓励，让他们感受到自己的价值。

【事典】

体恤下属的赵祯

宋仁宗赵祯是北宋的第四代君王，宋朝时期时局动荡不安，赵祯却能凭借着自己的治世才能成为一代亲民爱民的贤君，实为不易。

宋仁宗在位时期，名臣辈出，国家相对安定，经济繁荣，科学技术和文化也得到了很大的发展。他知人善用，性情温和，对人宽厚仁爱，由此赢得朝廷内外的极大赞誉。

众人皆知，包拯以为人耿直、公正执法闻名于世，即使对仁宗他依然敢于犯颜直谏，据理力争。

有一次，包拯因事与宋仁宗产生了分歧，就毫不顾忌地和宋仁宗争执了起来，他甚至因为和宋仁宗离得太近，将唾沫溅到了宋仁宗的脸上。宋仁宗却没有怪罪，他只得一面用衣袖擦脸，一面认真听着包拯的建议。

当时，朝中大臣张尧佐是仁宗宠妃张氏的伯父，张氏屡次在仁宗面前帮伯父邀功，请求给伯父升官。于是，张尧佐的官位一路高升，一年之内就高升四次。可是到此还没完，很快，仁宗又欲升张尧佐为三司使，但是包拯多次上书反对，认为张尧佐升迁太快，会给朝廷造成不好的影响。

宋仁宗为了息事宁人，只能采纳包拯的意见，然而却暗地里与他较劲，将张尧佐改任为节度使。节度使不但官职比三司使更高，还掌握着军事大权。

宋仁宗的这一行为直接惹怒了包拯，他气愤不已，立马带领七名言官一起去找宋仁宗理论。宋仁宗看到他们前来，顿时明白了，遂质问道："你们是想说张尧佐的事吗？朕已经决定了，无须再议。"

说完，宋仁宗就想趁机离开，然而包拯一把将其拦截，开始给他历数任人唯亲的各种弊端。

宋仁宗为自己辩解说："节度使不过是个粗官，你们为什么还要计较？"

听到这话，言官唐介上前一步，毫不客气地指出："当初太祖、太宗都曾经做过节度使，然后建立了自己的天下，恐怕这一职位不是粗官吧？"

宋仁宗一听，顿时心头一颤，终于采纳了他们的意见。

回到后宫后，张贵妃见宋仁宗一脸怒气，便小心翼翼地询问所为何事。宋仁宗一听，气不打一处来，指责她道："今天包拯上殿，唾沫都溅到朕脸上了。你只管给你伯父要官，难道就不知道包拯是御史吗？"

后来，宋仁宗再未给张尧佐封过什么高官。

不过这次争辩让宋仁宗对唐介的印象更加深刻，宋仁宗认为他正直敢谏，值得重用，于是暗中命人绘制唐介的画像，挂在温成阁中，并亲自题写文字："右正言唐介"。

由此可见，宋仁宗对人才的珍惜和看重，而且，他对读书人同样非常宽容。

有一年，苏辙参加制科考试，他在试卷里写道："据说，宋仁宗在宫中的美女数以千计，终日里歌舞饮酒，荒唐无道。他既不关心老百姓的疾苦，也不跟大臣们商量治国安邦的大计。大臣不得尽言，小臣不得极谏。左右前后均为女人侍奉，不听逆耳忠言，只知道唯妇人之命是从。"

苏辙交上试卷以后，自嘲这次肯定考不上。

考官们看到这份试卷，立马炸开了锅。有的考官认为这是大逆不道，诽谤圣上，要求将考卷打下去；有的则认为苏辙敢于大胆给宋仁宗提意见，没有任何问题；有的则认为这些话自己想说却不敢说，由此佩服苏辙的勇气。

大家争论不休，最后决定让宋仁宗本人来进行评判。赵祯却说："朕设立科举，本来就是要欢迎敢言之士。现在如果因为苏辙敢于直言不讳就将其抛弃，那天下人该怎么看朕呢？"

于是，苏辙被录取，不久，就步入官场。

还有一个四川的读书人，多次参加科考都未考中，心中异常愤懑，于是作诗一首献给成都太守，其中有一句为“把断剑门烧栈阁，成都别是一乾坤”。成都太守看完大惊，认为此人有逆谋造反之嫌，于是将其抓了起来，并向皇上上书，打算将其送往京城，要求皇上治罪。

按照国家律法，应该对此人严惩，然而宋仁宗却说：“这是老秀才急于要做官呢，不过是写一首诗泄泄愤而已，怎么能治罪呢？那就给他个官做吧。”

于是，宋仁宗真的给了他一个小官来做。

宋仁宗虽然为高高在上的皇帝，但对待下人也会谦和容忍，不以权压人。

一天，宋仁宗正在用御膳，只见他细嚼慢咽地品味着美味，突然间，从他口中隐隐地传出一个声音，皇上连忙用手捂住嘴，原来是菜里有什么东西硌到了牙齿。他赶紧将异物吐出，细看之下才发现是一粒沙子。

皇上的饭菜里有沙子，御膳房有不可推卸的责任，这事要是传扬出去，御膳房的宫人可是要被砍头的。

然而宋仁宗不但没有任何怒色，反而赶紧低声对身边陪侍的宫女说道：“千万别声张我曾吃到沙子，这可是死罪啊！”听上去反倒像自己犯了错一样。

还有一次，天气晴好，宋仁宗在宫中随意溜达，身后跟着一大堆服侍的太监宫女。他不时地回头望望，随从们很是纳闷，你看看我，我看看你，谁也不知道皇上怎么了，但也不敢上前去问。

宋仁宗回宫后，赶紧对嫔妃说道：“快快，快给朕拿水来，朕快要渴死了。”

嫔妃还以为宫里出了什么事，不禁疑惑地问道：“发生什么事了？陛下口渴为什么不让随行的侍从送水呢，怎么还要一直忍到现在？”

宋仁宗咕嘟咕嘟灌下一大杯水，顿时觉得身体舒畅了很多，他这才解释道：“朕在外散步，觉得口渴的时候回头想跟他们要水，可是发现他们并未携带水壶，朕多次回头确认，的确没有任何人手中拿着水壶，就没开口。如果开口问的话，又该有人要受到处罚了，所以只能忍着口渴，等到回来之后再喝了。”

嫔妃听了，不禁为皇上的宽厚仁慈所深深感动。

宋仁宗实施仁政，以身作则，在百姓心中地位极高。

赵祯去世以后，“京师罢市巷哭，数日不绝，虽乞丐与小儿，皆焚纸钱哭于大内之前”。当消息传到洛阳，百姓们也自动停市哀悼，焚烧纸钱的烟雾飘满了洛阳城的上空，以致“天日无光”，甚至一些偏远山区的人们也头戴纸糊的孝帽哀悼皇帝的驾崩。

正因为宋仁宗以仁德治理天下，所以他死后，其后人将其庙号定为“仁宗”，这也是向天下人昭告其一生之功德。

【释评】

每个人都不是十全十美的，各有缺点，所以行事过程中难免出现失误。如果下属出现失误，上司应该宽容对待，给其改正的机会。如果领导者过于苛刻，可能导致下属束手束脚，不敢随便行事，最终毫无作为，以致一事无成。

三、德才兼备，选贤任能

【原文】

驭人必驭士也。驭士必驭情也。敬士则和。礼士则友。蔑士则乱。辱士则敌。以文驭士，其术莫掩。以武驭士，其武莫扬。士贵己贵。士贱己贱矣。

【译文】

驾驭下属必须要从有文化、有才能的下属入手。驾驭有文化、有才能的下属必须在感情上多做工作。尊敬有文化、有才能的下属，就能与他和睦相处。礼遇有文化、有才能的下属，就能和他们成为朋友。蔑视有文化、有才能的下属，就容易生出祸端。侮辱有文化、有才能的下属，就会为自己树立敌人。对待有文化、有才能的下属要用柔和的态度，不要遮遮掩掩。若需要以威力震慑有文化、有才能的下属时，手段不能过于张扬。把有文化、有才能的下属看得尊贵，自己才会变得尊贵。把有文化、有才能的下属看得低贱，自己也就会变得更加低贱。

【事典】

朱元璋诚心请宋濂

明太祖朱元璋可谓一个传奇人物，他一生经历颇丰。他 25 岁参加了郭子兴领导的红巾军，后来逐渐脱离郭子兴的掌控，自立为吴王，亲自领军北伐。

在为王期间，朱元璋手下集合了大批有识之士，他们为朱元璋夺取天下立下了很大的功劳。在这些人的辅佐下，朱元璋的势力逐渐扩大，赢得天下指日可待。然而朱元璋逐渐意识到，要想夺得天下不仅需要武将的奋勇杀敌，更需要文人的运筹帷幄。所以他招贤纳士，希望招揽文人学士为己所用。于是，朱元璋身边的谋士李善长推荐了一位博学多才的人——宋濂。

宋濂自幼酷爱读书，却由于家境贫寒，买不起书，就向当地有文化、有才能的人家去借书来读。每次借书，他都讲好期限，按时还书，从不违约。他这种诚实守信的品质让大家非常敬佩，所以每次借书，大家都不会拒绝。正是这日复一日的积累，使宋濂的知识变得越来越丰富。

宋濂在元朝时期就已经很出名，皇上下诏命其入翰林院，但是他早已看透了官场的腐败，不想为之效力，所以以家中老人年迈为由，果断拒绝了。后来，朝中又多次派人邀请宋濂，宋濂实在没有可拒绝的理由，就干脆上山当了道士。

其实这“道士”的身份不过是一个幌子，实际上他却在著书立说，传授知识。在此期间，宋濂应邀到东明书院任教，他给学生们讲儒家经典，辅以《史记》和《汉书》，全心全意地教导前来求学的人们。他每次讲课，下边都座无虚席，甚至很多学生从几百公里外赶到书院，只为了听宋濂讲课。

宋濂忠厚正直，生活简朴，不贪图荣华富贵，受到很多学生的尊重。

朱元璋得知宋濂学识丰富，是不可多得的人才时，非常高兴。如果把这样的有才之士拉拢过来，那对安邦定国岂不是大有好处？

于是，朱元璋立刻派人去请，然而当时宋濂对朱元璋的军队并不了解，所以拒绝了他的邀请。

朱元璋并没有因此放弃，他为了表示诚意，决定亲自走一趟，但是自己只是一介武夫，恐怕礼节不周，如果处理不当，还会让对方觉得有以势压人之嫌。于是，他想到一个好的计策，带上了自己的儿子朱标，让宋濂给朱标当老师。

朱元璋带着儿子来拜见宋濂，刚见到宋濂，朱元璋就让朱标下跪行礼。朱元璋也毫不掩饰，开门见山地说出了自己的请求。

宋濂看朱元璋亲自来请，并且要他给朱标当老师，心里颇为感动。

虽然此时朱元璋还没有登基做皇帝，但是从形势来看，天下非他莫属，那朱标就是未来的太子了。朱元璋把培养未来太子的重任交给宋濂，可见朱元璋对他是极度重视了。

但是培养太子可不是一件容易的事，如果朱标不听话，到底该训斥还是纵容？这会让宋濂左右为难。所以宋濂想再次试探一下朱元璋的诚意，他问道："你的儿子如果日后不好管教，可以打吗？"

只见朱元璋毫不犹豫地答道："打不死即可。"

听到这句话，宋濂颇为感动，一颗悬着的心也终于踏实了下来。他看出了朱元璋是一个真正尊师重道的人，于是就答应了下来。

朱元璋对宋濂寄予厚望，他希望宋濂不仅能够教授朱标文化知识，更要培养他仁爱民众、勤学致用的品格。朱元璋曾多次对宋濂说："我为建立一个王朝付出了巨大努力，你一定要将朱标教育成为人才，让他日后接替我的位置，使这个国家不断强盛。"

朱元璋放下身段，用真情实意打动了宋濂，宋濂也不负众望，不但对朱标倾囊相授，把朱标教育得儒雅谦逊、知书达理，还为后来明朝的发展做出了不朽的贡献。

不久，朱元璋平定天下，做了皇帝，是为明太祖。他下令建造了一座礼贤馆，让天下贤士均住在其中。宋濂作为“开国第一文臣”更是备受皇帝恩宠，朱元璋让其服侍左右，总是向他询问事宜。

朱元璋曾召宋濂讲解《春秋左氏传》，宋濂说道：“《春秋》是孔子褒善贬恶的书，如能遵行，则赏罚公正适中，天下便可平定！”

朱元璋谨记其言。

后来，朱元璋下诏撰修《元史》，命宋濂及王祎为总裁官。《元史》书成之后，宋濂还被任命为翰林院学士。

国家初定，朱元璋打算对功臣进行封赏，便召宋濂前来商议怎样封五等爵位。宋濂尽职尽责，通宵达旦，逐一引鉴汉唐前例，择其适用部分奏报皇上。朱文正是朱元璋的侄子，他的父亲很早去世，朱元璋便对他像亲儿子一样看待。朱文正曾屡立战功，在朱元璋论功行赏的时候，朱文正却以“叔侄是亲戚”的理由拒绝了。其实，朱文正这不过是一句客套话，却被朱元璋当真了，就没有给他封赏。朱文正因此心有怨愤，渐生异心，于是就在作战时放纵部下抢掠，犯下不少罪行。朱元璋大怒，想按罪处治朱文正，却受到宋濂的阻止，宋濂说：“按照法度，文正固然应该处死，但是陛下也应该念在亲情的分上，把他贬到边远地区，让他离您远一些就可以了。”

朱元璋果真听从了宋濂的劝谏，免去了朱文正的官职，并将其软禁在桐城。

有一年，甘露屡降，朱元璋便询问宋濂：“为什么会出现这样的天象？这到底是什么预兆？”

宋濂说：“做事要受命于人，而非受命于天，做事不必受天象的影响。吉祥的征兆并不是上天的祥瑞，而是人主的仁义。《春秋》只记灾异，不写祥瑞，就是这个道理。”

朱元璋便不再过分关注天象。

朱元璋曾问宋濂：“作为帝王，应该读什么书为主？”

宋濂给他推荐了《大学衍义》，于是朱元璋命人将书中内容贴在宫殿两边的墙壁之上，并召集大臣，让宋濂给大臣们讲《大学衍义》中的内容。一次，朱元璋挑出《大学衍义》中司马迁论黄、老之学的一段，让宋濂讲析。宋濂讲完后，朱元璋便说："汉武帝沉溺于方技荒谬之说，一改汉文帝、景帝的节俭之风，民力已经非常疲惫，而后还用严刑来催督。如果能以仁义来治理民心，那么异端邪说就不会传播了，以学校来治理百姓，祸乱就不会发生，刑罚并不是要优先考虑使用的。"

宋濂为官期间，不但忠心为国，诚恳谨慎，而且清正廉洁，深得朱元璋的信任。太祖在位期间，有时因性情不定，对大臣的行为有所苛责，但是从未对宋濂进行过训斥，由此可见，宋濂在朱元璋心里的地位极高。

后来，宋濂因为年老体衰，告老还乡。朱元璋亲自饯行，宋濂以头叩地辞谢，并约定说："臣没死之前，请允许臣每年来宫内觐见陛下一次。"

朱元璋欣然答应，回乡以后，宋濂如约进京觐见皇上。

【释评】

有文化、有才能的下属大都清高，视金钱如粪土，他们注重的是名声，不会为了金钱和利益而做违心的事。有文化、有才能的下属在乎的是被重视的感觉，如果对他们不屑一顾，他们就会远离你。要想驾驭有文化、有才能的下属，必须在感情上多付出，让他们感受到你的真心实意。

【事典】

善于讽谏的淳于髡

战国时期有个齐国人名叫淳于髡，“髡”是先秦时的一种刑法，是指剃掉头顶周围的头发，这是对人的一种侮辱性的惩罚。而淳于髡以此为名，证明其社会地位非常低下。他还是“赘婿”，也就是入赘到女方家的“上门女婿”，如果不是家境异常贫困，一般人不会选择入赘，这说明其家境极其贫寒。

虽然他出身卑贱，其貌不扬，却受到几代君王的尊敬和重用，这不但因其才学出众，聪慧过人，更因其敢于纳谏，对国事尽职尽责。他在与人辩论和向国君进谏时常常喜欢运用“隐语”，经常用讽喻表明自己的立场，言辞诙谐、含义深刻，往往令人心悦诚服、点头称是。

在齐威王刚刚即位时，齐国国力较弱，内乱不止，军事力量薄弱。而齐威王却不学无术，整日饮酒作乐，荒废政事，群臣都不敢多言。一时间，“诸侯并侵，国人不治”，国内形势日渐严峻。

在国家内忧外患之际，作为客卿的淳于髡不顾个人的安危，挺身而出。他进谏齐威王，隐晦地说道：“国中有鸟，止王之庭，三年不飞又不鸣，不知此鸟何也？”

齐威王立马明白了他的用意，这鸟不就是暗指自己吗？亦用隐语回道：“此鸟不飞则已，一飞冲天，不鸣则已，一鸣惊人。”

从此，齐威王振作起来，开始整顿内政、整肃军威并准备迎战诸侯。各诸侯国都很震惊，纷纷归还了侵占齐国的土地。一段时间之后，齐国国库充实，国力强盛，最终开创了“复霸”的局面，取代魏国成为当时中原最强大的诸侯国。

淳于髡也因此一举成名，备受齐威王尊崇，被赐为“上大夫”。又因他能言善辩，齐威王便让他以使节的身份周旋于诸侯国之间，他每次都不负使命。

齐威王八年（前371），楚国发兵进攻齐国。齐威王准备了黄金百斤、车马十驷，打算派淳于髡带上礼品到赵国请求援兵。淳于髡看到这些礼品后哈哈大笑，齐威王不明所以，便问道："先生是嫌所带的礼品少吗？"

淳于髡摇摇头，回道："不敢！不敢！"威王继续追问："那你为什么发笑呢？"

淳于髡说："刚才臣子从东方来，看见大路旁有人在祭祀神灵，祈福消灾，只拿着一只猪蹄、一盂酒，祷告说：'易旱的高地粮食装满笼，易涝的低洼田粮食装满车，五谷茂盛丰收，多得装满了家。'我见他所拿的祭品很微薄，但所求之事却非常多，所以我在笑他呢。"

齐威王幡然醒悟，于是将礼品改为黄金千镒、白璧十双、车马百驷。

淳于髡到了赵国，给赵王讲明其中的利害关系，于是赵王给了他十万精兵和一千乘战车。楚国听到消息后，立即撤兵离开。

等淳于髡从赵国回来，齐威王设宴招待，席间，齐威王问淳于髡能喝多少酒，淳于髡答道："我喝一斗也能醉，喝一石也能醉。"

齐威王不解："喝一斗就醉了，那还怎么可能喝一石呢？"

淳于髡解释道："如果是大王赏酒，执法官在旁边，御史在后边，我心怀恐惧，只喝一斗就会醉了。如果我家里来了贵客，我小心地在旁边陪酒，不时地起身为其敬酒祝贺，那么喝不到二斗也就醉了。如果朋友故交相会，互诉衷情，大概可以喝五六斗。假如是乡里间的盛会，男女杂坐，无拘无束，席间还有六博、投壶等娱乐项目，我心中高兴，大概喝到八斗才有两三分醉意。若到夜色降临，酒席即将散去，人们都无所拘束，靠在一起，男女同席，杯盘狼藉，厅堂上的烛光熄灭了，主人留髡做客，再有女子相陪，此时我心里最为欢快，就能喝下一石酒了。"

齐威王恍然大悟，淳于髡原来话中有话，这弦外之音则是：酒喝得太多，就失了礼法，爱出乱子；兴奋到了极点，就会乐极生悲。不仅喝酒是如此，世间万事亦是如此，国家、社会如果没有了规矩、秩序，则会产生变乱。这其实是在暗指齐威王饮酒无度，耽误了治理朝政，扰乱了国家秩序。从此以后，齐威王改掉了彻夜饮酒的习惯，开始将更多精力放在国事上。

一次，为了缓和齐国和楚国的关系，齐威王特意选了一只天鹅，让淳于髡去送给楚王。结果，走到半路，不小心让天鹅给飞走了。淳于髡顿时呆若木鸡，这是齐威王专门挑选的珍贵礼物，这该如何交代？

无奈之下，淳于髡只能提着个空笼子去见楚王。只见他面带愧色，又语气沉稳地说道："我奉齐王之命来给您献一只天鹅，我一路上对它精心照顾，不敢有一丝怠慢。半路上天鹅口渴了，正好我走到一条河边，便把它放出来饮水，谁知它竟然自己飞走了。我非常后悔，想自杀谢罪，可是却怕天下人说大王您为了一只天鹅逼死了一个人才，这会影响您的声誉；我本打算换一只鸟来冒充那只天鹅，可是担心因为欺骗您，而使齐国人落下不讲诚信的恶名；我想逃往别的国家以躲避惩罚，可是又怕因此让齐国和楚国产生误会而反目成仇。所以我思索半天，还是到您这里来谢罪，我愿接受大王您的惩罚。"

楚王见他态度诚恳，说得又合情合理，就没有责怪他，反而对他进行了奖赏。

这里足以体现出淳于髡的聪明才智和卓越的外交才能，既维护了齐楚两国的关系，又使自身免受处罚。

后来，齐威王去世，齐宣王即位，他号召天下人推荐有才干之士。而淳于髡一天之内就向齐宣王推荐了七名贤士，齐宣王非常高兴，但是又感到非常奇怪，怎么会一下子出现这么多贤士？于是，他将淳于髡召到面前，问道："先生，我有一个疑惑想问你。据说，能在方圆千里的范围内找到一位贤人，那么天下的贤人就多得可以肩并肩地排成行站在你面前。古往今来，如果在近百代的时间内能出现一个圣人，那么世上的圣人就多得可以脚跟挨着脚跟地向你走来。今天，先生您在一天的时间里就给我推荐了七位贤人，如此看来，贤人岂不遍地皆是吗？"

淳于髡微微一笑，直言不讳地回答道："大王您听说过人以群分、物以类聚吗？同类的鸟，它们总喜欢栖息、聚集在一起；同类的野兽，也总是行走、生活在一起。如果我们去低洼潮湿的地方寻找柴胡、桔梗这些植物，别说是短短的几天，就是几辈子也不会找到；但是如果到山上去找，那就多得可以用车去装了。万物都是以同类相聚的。我淳于髡向来与贤士为伍，我的朋友个个都是德行高尚、才智非凡的人，大王您找我寻求贤士，这就像在河里舀水、在火石上取火一样，轻而易得，取之不竭，您怎么能嫌我一天之内给您举荐的贤士太多了呢？我周围的贤士多得很，岂止这七个人！今后，我还要继续向大王推荐呢。”

淳于髡的这番话，使齐宣王茅塞顿开，心服口服。看起来，世上的人才不是少了，而是没有找到识别人才的方法和途径啊！

正是因为淳于髡拥有超常的才能，齐国的新兴封建制度才得到巩固和发展，他也对齐国的振兴与强盛做出了重要贡献。

【释评】

有文化、有才能的下属自尊心强，更要面子，与有文化、有才能的下属相处一定要和颜悦色，给予其足够的认可，这样才能与他们和睦相处。有文化、有才能的下属学识丰富，头脑灵活，能给予当权者更多的指点和建议。如果给予有文化、有才能的下属重要职位，他们就会发挥自己的聪明才智，为国家尽心尽力，让国家更加强大。

【事典】

刘备的口不择言

汉朝末年，群雄割据，刘备以“复兴汉室”的名义占据荆州，他求贤若渴，希望得到更多有才之士助他完成大业。所以刘备慕名去请诸葛亮出山，才有了“三顾茅庐”的故事，其实除了诸葛亮之外，刘备身边还有另一位重要的谋士——庞统。

庞统本是东吴人士，他从小就博览群书，才华出众，然而却不为人知。

有一次，他去拜访司马徽，司马徽正在树上摘桑葚，庞统就坐在树下与之畅谈，不知不觉中就从白天聊到了天黑。司马徽惊讶地发现庞统看似普普通通，实则是学富五车之人，遂被他的才学所深深折服，并称他为“南州士子的翘楚”，之后庞统的名声渐渐传开。

周瑜闻其大名，便将他推荐给东吴孙权。然而孙权太过以貌取人，他见庞统其貌不扬，就认为其没有什么才能，未加重用。于是，周瑜将其收入麾下，任功曹一职。

庞统非常喜欢评价别人，并给别人培养好的名声，所以他的评价都超过该人的实际才能，有人对此疑惑不解，庞统说：“如今天下大乱，正义之道逐渐衰退，善人越来越少，恶人越来越多，我这样做就是为了助长正道。我宣扬好的榜样就是为了让人向善，以达到教化人的目的，使有志向的人可以自己勉励自己，难道这样不好吗？”

众人听了都对他赞叹不已。

周瑜去世后，庞统投奔刘备。刘备虽久闻其名，但认为人们言过其实，庞统不过是资质平庸之辈，于是只给他封了一个耒阳县令的小官，让其历练。

耒阳地处偏僻，县中的政务杂乱无章，百姓苦不堪言。庞统觉得这些琐碎的小事不足以显示自己的才华，所以不理政事，整日闭门不出，只顾自己读书写字。

有时庞统还会邀请一些文人墨客前来饮酒作诗，畅谈天下大事，当地百姓对此怨声载道。

于是，鲁肃给刘备写信，说："庞统不是'百里之才'，给他做个县令实在是大材小用，应该给他更高的职位，让他发挥自己的才能。"

刘备听后便召庞统来见，经过一番交流后，刘备认识到了庞统是位不可多得的英才，遂任命他为军师，与诸葛亮平起平坐。

后来，刘璋想借刘备的势力去益州讨伐张鲁。庞统想让刘备趁机夺取益州，他说："荆州地处荒凉，人少物薄，而且东边有孙权，北边有曹操，很难有大的发展。益州人口众多，土地肥沃，物产丰富，如果真能夺取此地，以为根基，可助你成就大业。"

刘备犹豫不决，担心地说："我和曹操不同，曹操待人严厉，我就要宽厚；曹操暴虐，我就要仁慈；曹操狡猾，我就得忠诚。就是因为我与他行事不同，才有了今天的成就。如果为了夺取益州，我由此失信，这值得吗？"

庞统看刘备太过心软，心急如焚地向刘备解释道："如今天下大乱，需要随机应变才行。吞并弱小，这是古人常用之策。事后你给刘璋一块土地，谁还会说你失信呢？如果现在不取益州，以后可能被他人占领啊！"

刘备考虑再三，决定听从庞统的意见。于是，刘备让庞统跟随，并带数万士兵进入益州。

刘璋在涪城盛情招待了刘备，庞统让刘备在宴会上劫持刘璋，占领益州，刘备却严词拒绝了，他说："我初到这里，还没有确立威信，这样做会让民心不服的。"

结果，刘璋在拨给刘备一些人马和粮草之后，就回成都去了，刘备白白浪费了一次夺取益州的机会。

不久，刘璋和刘备关系破裂，庞统再次献策，要刘备占领刘璋的地界，他说："目前有三种策略可用：暗中挑选精兵，昼夜兼行直接偷袭成都。刘璋领兵作战的才能不足，再加上毫无防备，这样可以一举拿下成都，这是上策。杨怀、高沛是刘璋手下的大将，他们手握精锐部队，又占据重要关口，我们先派人报告他们，说荆州有难，需要及时返回荆州救援，让他们两个来见，他们本就希望你回到荆州，所以一定会来，到时就可以借机将他们擒获，然后迅速攻打成都，这是中策。退回白帝城，联络荆州兵马，一步步进入益州，这是下策。如果犹豫不前，必会陷入困境，此地不可久留。”

于是刘备采用了中策，用计将杨怀、高沛捉住，随后刘备的军队一路势如破竹，很快占领涪城。

在涪城，刘备一行大摆筵席，召开了庆功大会，推杯换盏中，刘备已有些许醉意，他得意地说：“今日的宴会真是太高兴了！”

庞统微微一笑，回道：“占领别人的土地却如此高兴，这可不是仁义之师的行为啊！”话中既有调侃之意，又有嘲笑之嫌。

刘备一听，顿时恼火，大吼道：“武王伐纣，前歌后舞，难道不是仁义之师吗？你这话说得并不妥当，赶紧给我离开。”

庞统听完，毫不犹豫地站了起来，径直走了出去。

很快，刘备知道自己说错了话，又派人将庞统请了回来，然而庞统回到座位，却默不作声，只顾吃喝。

刘备为了缓解尴尬，故意问庞统：“刚才我们谁对谁错？”

庞统却淡淡地说了一句：“你我都有错。”

听完，刘备哈哈大笑，很快就忘记了刚才的不悦，两个人又像朋友一样继续开怀畅饮。

庞统在刘备军中与诸葛亮齐名，都是刘备帐下谋士，但是二者对刘备来说又大有不同。诸葛亮每日板着一副严肃的面孔，俨然一位指点迷津的长者，而庞统则像朋友一样，嘻嘻哈哈，不拘小节。

后来，庞统在战争中被乱箭射死，刘备痛哭流涕。之后，一提到庞统，刘备都忍不住泪流满面。

【释评】

有文化、有才能的下属知书达理，注重感情。只要好好驾驭他们，就可以与他们和谐相处，成为朋友。他们不会趋炎附势，随波逐流，不会因为你的得势而高攀，也不会因为你的失势而远离。只要对他们像朋友一样，他们就会竭尽全力帮助你，并不求回报。

【事典】

令人发指的江南科考案

自隋朝建立科考制度以来，它就成为我国历史上选拔人才的主要方式。科考不但是所有寒门子弟跨越阶层的唯一途径，也是一些富贵之家入朝为官的唯一方法。

所以为了保证科考的绝对公平公正，朝廷不但对参加考试的考生进行了严格的限制，对考官同样是严加管理。比如，乡试考官一旦接到任命，五日内必须孤身起程，不得带任何家属；途中不准游玩，不能和任何人搭讪，不准带多余的东西；乡试期间必须锁在贡院内，一日三餐及所需物品的进出必须经过检查；会试考官还要严格，接到任命后立刻住进贡院，不准回家，并且门外用封条封住。

由于历史原因，我国自古江南出才子，所以每次科考朝廷都非常注重对江南读书人的选拔。

这年，又到了科考之年，顺治皇帝派朝中大臣方猷和钱开宗离开京城，远赴江宁主持科举选拔考试。这两个人都是江南籍贯，所以对当地十分熟悉，但是皇上却没有想到，也正因为他们是江南人氏，才在那里有错综复杂的人情关系。

出发前顺治帝一再交代：一定要保证选拔的公平，让真正的人才为国效力，若发现有违法之事，绝不轻饶。一路上二人说说笑笑，但各怀私心，虽然都未明说，却心照不宣：作为主考官可是一个名副其实的肥差，很多考生为了一举中第不惜奉上大量真金白银，毫不吝惜。这可是一个千载难逢的机会啊，不捞白不捞，如果错过这次机会可能终生不会再有第二次机会。

当时清朝入关不久，对于中原的科考制度还不甚了解，所以方猷和钱开宗认为：只要事情做得隐蔽，就不会被发现；即使事情暴露，事情已成定局，皇上也只会睁只眼闭只眼就这样过去。

当两个人入驻驿馆之后，前来拜访的人就开始络绎不绝，当然最为重要的是都携带着大量礼金。当一份份礼单送到他们手中时，他们早把自己的职责抛到了九霄云外，更把顺治皇帝交代的话忘得一干二净。

江南本就是富庶之地，有钱人家自然不在少数，所以送礼的人个个出手阔绰，方猷和钱开宗被这些财物弄得眼花缭乱。他们按照送礼多少私自拟定了一份科考名单。

待到放榜之日，考生们一片哗然，议论纷纷。很多有真才实学的寒门学子落榜，而一些不学无术的富家子弟却榜上有名，其中原因不言而喻。落榜的士子们纷纷大喊考试不公，他们有的拦住主考官怒骂，有人羞辱同考官们。

一时间，方猷与钱开宗在江南科考之中受贿舞弊之事，很快传遍江南一带，路人皆知，愤愤不平。落榜考生还群集在贡院门前，在门上贴“大字报”：“金陵自古称金穴，白下于今中白丁。”

面对考生们的激烈行为，方猷和钱开宗毫无愧疚之心，他们完成任务就回京复命了。在他们回京的船上，大批士子追着船痛骂其无耻行径，甚至向船上投掷砖瓦，以发泄不满情绪，吓得二人躲入船舱不敢露面。

其中一位考生名叫尤侗，他同样被迫落榜，于是一怒之下，将此次事件写成了杂剧《钧天乐》，一一述说了考试中公然行贿受贿之事。这本书很快传遍江南，后来流传到京师顺治皇帝耳中。顺治帝大吃一惊，震怒之下，立马派人彻查此事。

随着调查的深入，江南科考的真相逐步浮出水面，工科给事中阴应节上疏参奏说：“江南主考方猷等弊窦多端，发榜后，士子忿其不公，哭文庙、殴帘官，物议沸腾。”甚至还举例说少詹事方拱乾的第五子方章钺这次中举，只是因为与方猷是同族而被录取。

皇帝立马召见方拱乾的长子方玄成前来问话，方玄成答道：“方家出自安徽桐城，已历数世，而江南主考官方猷是浙江人，与我们家并非同族。弟弟方章钺一直是江南有名的才子，以他的才华，中举并非难事。”

方玄成所说也确是事实，方家的确个个才学过人。但是对于科考舞弊是否存在，顺治帝一时之间也难以抉择。

转眼到了第二年春天，河南道御史上官举报说："江南科举考官出考场后曾被考生羞辱，可见事情可疑，为了还考生们一个公平，请皇上下令复试所有江南考生。"

当时顺治帝即位不久，出台各种政策以安抚汉民，这次科考同样是为了笼络人心，所以必须查个水落石出，不能就此作罢。

于是顺治帝下令：将全部学子押进京师，全部重考。

但是大批考生已经在发榜之后便开始纷纷返乡，早已不在江宁，于是各州府开始出动人马，到处找人，只要找到就戴上枷锁送往京师，一时间闹得整个江南乌烟瘴气，人心惶惶。

待所有考生到达京师后，顺治帝在中南海瀛台，亲自主持乡试的复试。在复试场上，每个考生都身披刑具，由护军营的军校持刀监视。真是考场如战场一般，笼罩在一片阴森肃杀的气氛之中，很多考生因为心里害怕，手抖得无法下笔，以至于根本无法发挥出自己的真实水平。

待复试结果出来，只有吴珂鸣三试皆优，文列第一，准许参加当年殿试。其余人中，七十四人准许参加下科会试，二十四人罚停会试，二十四人文理不通，革去举人。

同时，两江总督郎廷佐经查发现，经举报的人中有八名举子已确定有作弊行为，其中包括方章钺。顺治皇帝立即下令将这八人逮捕，并各责打四十大板，家产籍没入官，父母、妻、子流放宁古塔。

而其中一名叫吴兆骞的考生，因为复试时心生恐惧，"战栗不能握笔"，不得已交了白卷，由此皇上也将其判定为行贿之列，一起将其下狱，也被一起流放到宁古塔，实在是冤枉至极。

当然，在考试中受贿的考官也难逃其责：方猷、钱开宗被处死，妻子家产籍没入官。叶楚槐等同考官十八人（其中1人已经病死）立即处以绞刑，妻子家产籍没入官。

一场轰轰烈烈的江南科考案终于落下帷幕，虽然考官们因为心生私念而被处罚，的确大快人心，但是谁能说复试体现了绝对的公正呢？犹如刑场一样的考场，令考生们战战兢兢，又有多少人因为畏惧于这样的环境之下无法正常发挥，而最终被冤枉呢？

而这一切的根源就是考官对科举的不屑一顾和对读书人的蔑视，根本没有将考生的前途和国家的兴衰放在心上。

【释评】

在古代，有文化、有才能的下属往往是朝中官员的主力军，他们大多是依靠自己的才学在官场中为自己赢得一席之地。他们一生苦读，只为有朝一日能够为国效力。但是如果官员不论才学和能力，仅靠金钱来买卖，那不但是对有文化、有才能的下属的侮辱，也是对国家的不负责任。

【事典】

范雎的耻辱

范雎是战国时期魏国人，他饱读诗书、志向远大，但是在魏国一直未受到重用。再加上家境贫寒，没有可以打通关系的资金，所以他只能投靠到中大夫须贾门下，做了他的宾客。

范雎能言善辩，有出色的外交才能，但是在须贾这里却没机会施展才能，因为他性格直爽，不会阿谀奉承，须贾对他并不看重。

有一次，为了缓和齐魏两国之间的关系，魏王派中大夫须贾出使齐国，范雎以舍人的身份跟随前往。

到了齐国之后，齐襄王对须贾很不礼貌，不停地对其进行指责，并说先王之死是由魏国造成的。须贾才智平庸，面对齐王的数落不知如何应答。此时，身后的范雎勇敢地站了出来，义正词严地辩驳道："齐湣王性格暴躁，是很多国家的仇人，岂止只受魏国痛恨？如今大王您有盖世之才，应该重振齐桓公、齐威王的余烈，可是如果你对齐湣王在世时的恩恩怨怨斤斤计较，只知道责怪别人而不从自身找原因，恐怕又要重蹈齐湣王的覆辙了。"

齐襄王听后，不但没有生气，反而对范雎十分赏识，他没想到魏国还有这样的人才。经过范雎的一顿数落，齐襄王改变了态度，对须贾变得友好起来。

当晚，齐襄王便派人劝说范雎留在齐国，以客卿身份相处，但是范雎毅然拒绝了，他说："我与使者同时从魏国出来，却不能与其一同回去，这是无信无义，我怎么能做这样的事呢？"

齐襄王见无法留住范雎，出于敬意，便特赐予其十斤黄金以及牛羊、好酒等。范雎此次身担国家重任，哪敢私自接受财物，于是坚决不受。他更不敢隐瞒此事，所以将事情的原委如实告诉了须贾，须贾并未对其进行责备，但是内心无比怨恨。

对于这次范雎的表现，须贾不但不表示感激，还觉得范雎在朝堂上的行为让自己丢了面子，有点主次不分。回到魏国后，他越想越气，就将齐国贿赂范雎的事情告诉了魏国宰相魏齐，并诬告范雎私受贿赂，出卖情报，说他对魏国已有外心。魏齐听后大为恼火，命人将范雎押来，让近臣用板子、荆条对范雎进行严刑拷打，把范雎打得遍体鳞伤，血肉模糊。在奄奄一息之时，范雎屏住呼吸，假装晕死过去，这才保住性命。

用刑之人去报告魏齐，魏齐命人将其扔到茅厕之中，故意让人在其身上撒尿，以示侮辱。范雎咬牙坚持，一声不吭。等到半夜，夜深人静，范雎就偷偷睁开眼睛，往外望了一眼，正好看到身边一位守职的官兵。他用微弱的声音对守卫说："我已经重伤，虽然暂时清醒，但是也无法存活于世了。但是如果能让我死在家中，也好让家人收殓，日后家人定当重谢。"

守卫对其生起怜悯之心，于是对魏齐谎称范雎已死，不如早日扔出去，免得脏了国相府邸。魏齐一听在理，便命人将其用席子卷起，扔到了荒郊野外。范雎这才逃过一劫。

之后，范雎改名为张禄，去了秦国。

在秦国，范雎以自己出色的才华得到了秦昭王的赏识，并任其为国相。范雎为秦国提出"远交近攻"的战略，使秦国国内政治稳定，经济发展，在军事和外交上取得了极大的成就，为秦国日后统一六国打下了坚实的基础。

后来，魏王得知秦国即将向东攻打韩、魏两国，赶紧派须贾去秦国议和。范雎得知须贾来到秦国，故意穿了一身破旧的衣服，隐藏自己的身份，前去会见须贾。

须贾见到范雎，大吃一惊，他们都以为范雎已死，根本没想到他还活在这个世上，当然更不知道他已经改名张禄，做了国相。

须贾惊讶地问范雎："你怎么会出现在这里？你是来游说秦国的吗？"

范雎谦虚地说："不是的。我之前得罪了魏国宰相，所以流落逃跑到这里，怎么还敢游说呢！”

须贾问道：“那你现在在做什么事情？”

范雎说：“只不过给人家当差役而已。”

须贾不禁生起了恻隐之心，还留下他一起吃饭，同情地问道：“你怎么会贫穷到这种地步？”

说着，还将自己的一件粗丝袍子送给了范雎。

须贾知道范雎在秦多年，便问道：“你知道秦国的国相张禄吧，听说他在秦王面前说话很有分量，我这次的事能不能办成，也主要取决于他。你有没有与张禄熟悉的朋友啊？”

范雎回答说：“我的主人与他关系很好，所以我也能求见他，我可以帮你引见一下。”

须贾听后十分惊喜，可是他的马病倒了，车子也出现了故障，无法出门。

范雎便说：“我可以向我的主人借马来供你使用。”

须贾听后颇为感动，然后，由范雎赶着马车带须贾进了秦相府中。府里的人看到国相驾着马车，纷纷回避而行，须贾不知何故，觉得异常奇怪。

等到了国相办公的地方，范雎对须贾说：“你稍等我一下，我先进去通报。”

须贾等了好久，也不见范雎出来，于是就问看门的守卫：“我等了这么长时间，怎么还不见范雎出来？”

守卫疑惑地看着他说：“这里没有叫范雎的人啊！”

须贾很是纳闷儿：“刚才为我赶车的人不就是他吗？”

守卫说：“那是我们的国相张禄啊！”

须贾一听十分震惊，立马明白了是怎么回事，他赶紧脱掉上衣，跪在地上，匍匐而行，打算向范雎认罪。

于是，范雎命人将须贾带了进来。须贾见到范雎，不住地磕头认罪，说道：“我没想到您靠自己的能力达到这么高的尊位，我自愧不如，以后再也不敢参与国家大事了。我知道自己犯下了不赦之罪，即使您把我杀掉抛尸荒野我也心甘情愿，我是死是活任凭您随意处置。”

范雎气得火冒三丈，指着须贾问道：“你说你的罪过有多少？”

须贾连忙回答：“多到比我头发的数目还要多。”

范雎将其罪行一一列数：“你有三条大罪：第一，当初我跟随你去齐国议和，齐国国君看中我的才能，希望我留下来为齐国效力，我拒绝了，因为我的祖坟在魏国，我不能愧对祖宗，然而你却诬陷我私通齐国，故意在魏齐面前说我的坏话；第二，当初魏齐打得我差点丧命，并把我放入茅厕进行侮辱，你却不加阻止；第三，你趁着酒意，故意在我身上撒尿，怎么忍心？今天要不是看在你还有点怜悯之心，赠送了我一件丝袍的分上，我绝对不会饶恕你，定让你死在我的刀下。”

须贾吓得连连称是，丝毫不敢反驳。

于是范雎进宫拜见秦昭王，说魏国派使臣议和，并将须贾与其过去的事情全部说出。秦昭王同意了魏国讲和，但是对于须贾，却让范雎随意处置。

在须贾回秦之前，范雎设宴款待所有诸侯国的使臣，其他使臣均坐在堂上，面前摆满了丰盛的酒菜，唯独须贾坐在堂下，只在他面前放了一槽草豆掺拌的饲料，又命令两个受过墨刑的犯人在两旁为其夹着饲料，像喂马一样喂他吃饲料。

大家觉得奇怪，范雎便将之前的过往一一叙说，使臣们才恍然大悟。然后范雎对须贾道：“虽然秦魏议和，但是对于魏齐的仇我不可不报，回去之后你告诉魏王，赶快把魏齐的脑袋拿来给我！不然的话，我就要带兵对魏国大梁进行屠城，到那时再后悔就晚了。”

须贾吓得魂飞魄散，待回到魏国之后，他把在秦国的遭遇全部告诉了魏齐，魏齐大为惊恐，便逃到了赵国，躲藏在平原君的家里。后来，秦昭王去平原君家里要人，魏齐被迫自杀。

【释评】

有文化、有才能的下属自尊心都很强，因为他们懂得礼义廉耻，所以驾驭有文化、有才能的下属一定要给予他们足够的尊严。如果对有文化、有才能的下属加以侮辱，就等于把他们的尊严践踏于地，致使他们无法忍受。如此，就会与之成为敌人，令自己寸步难行。

【事典】

齐桓公的霸业之路

齐桓公是春秋五霸的霸主，他能够号令群雄、称霸天下主要得益于管仲的辅佐。

管仲从小饱读诗书，博学多才，然而因为家庭贫困，只能与好友鲍叔牙合伙做小生意谋生。虽然商人在当时属于比较卑贱的职业，被人看不起，但是管仲却在做生意期间接触了各式各样的人，见了很多世面，从而积累了丰富的社会经验。

在做生意期间，管仲总是出很少的本钱，分红的时候却拿很多的钱。鲍叔牙却从不计较，他知道管仲家比他更需要钱。

有时管仲给鲍叔牙出主意，然而事情却办砸了，鲍叔牙一点也不生气，还安慰管仲说："事情办不成，不是因为你的主意不好，而是因为时机不好，你别介意。"

管仲曾经三次做官，却都被罢免，鲍叔牙对他说："这不是你的错，而是他们不懂得辨识人才。"

后来，管仲和鲍叔牙一起参军，管仲竟然临阵逃跑了，鲍叔牙不但没有嘲笑他，还说："因为管仲家里有老母亲需要照顾，所以必须保证自己的安全。"

不久，管仲和鲍叔牙一起在齐国入仕，管仲辅佐公子纠，鲍叔牙则辅佐公子小白。

在齐国国君死后，公子小白和公子纠一起争夺国君之位。因为各为其主，所以管仲曾一箭射向公子小白，但是只射中了他衣服上的带钩。最后公子小白当上国君，是为齐桓公。

齐桓公打算让鲍叔牙为相，鲍叔牙却说："如果君上想成就天下霸业，那么非管仲不可。管仲到哪个国家，哪个国家就能强盛，国君千万不可以失去他。"

于是，齐桓公听从了鲍叔牙的建议，选择了一个好日子，以隆重的礼节亲自迎接管仲，由此可见，他对管仲的重视程度。

齐桓公和管仲一见如故，二人畅谈国事，一连聊了三天三夜。之后，齐桓公斋戒三日，拜管仲为相，并尊称其为“仲父”。

管仲不但有军事谋略，更有独到的政治眼光，他能看到常人很难看到的东西。他知道，齐桓公要想坐上霸主的位子，就必须让齐国强大起来，于是他首先对齐国的军事、政治和经济进行了大刀阔斧的改革，使齐国各个方面都取得了长足的发展，齐国迅速由乱转治，由弱变强。

在管仲的建议下，齐桓公通过武力将谭国和遂国消灭，鲁、宋、陈、蔡、卫为了保全自己，先后屈服于齐国，他们开始承认齐桓公的霸主地位。

当时，楚国实力强大，他们不听齐国号令，还经常在齐国边境制造麻烦。这使齐桓公很是恼火，他忧心忡忡地对管仲说：“楚国欺人太甚，我想率兵攻打，但是楚国兵强马壮，齐国恐怕敌不过楚国，该怎么办呢？”

管仲问道：“你准备拿出多少兵力和钱粮攻打楚国？”

齐桓公沉思片刻，说道：“我计划出兵数十万，粮草无限量，以及五千万钱作为经费。”

管仲听后摇摇头，说：“大王如果放心，就把这件事交给我吧。你只需要给我两千万钱，我就可以兵不血刃灭掉楚国。”

齐桓公不解，管仲说：“大王只管收购楚国的鹿即可。”

于是，齐桓公在与楚国交界的边境设了一座小城，派商人到楚国去收鹿，并扬言：“齐桓公喜欢鹿，不惜重金收购。”

当时鹿是楚国特有的物种，但是人们只把它当作一般动物来食用，价格很便宜。此时楚国商人见齐国专门收购鹿，于是将价格一涨再涨。

管仲故意对楚国商人说：“你能给我弄来二十头活鹿，我就赏赐你百斤黄金；弄来二百头，我就给你千斤黄金。楚国就算不向老百姓征税，钱财都够用了。”

楚国人见鹿的价格这么高，比粮食的价格贵多了，所以百姓连地都不种了。

一时间，楚国的百姓甚至官员、士兵都跑去山上捕鹿。

楚国国君听说后哈哈大笑，对宰相说："以前卫懿公喜欢仙鹤，最后荒废政务，结果亡国了。现在齐桓公同样玩物丧志，花重金来我楚国买鹿，这也是亡国之象啊！既然他喜欢鹿，那就让人使劲地去捉吧，反正我们只要钱就够了。"

于是，他和大臣们待在宫里安心享乐，坐等齐国亡国。

与此同时，管仲偷偷派人去楚国购买粮食。结果，楚国靠卖活鹿赚的钱，比往常多了五倍；而齐国收购囤积的余粮，也比往常多了五倍。

管仲对齐桓公说："楚国拿了比往常多五倍的钱，却耽误了种地，粮食又不是几个月时间就可以收割的，楚国到时候一定会去收购粮食。接下来我们封锁边境就行了。"

齐桓公听从了管仲的建议，下令封锁了齐国与楚国的边境，并派兵截断了其他国家通往楚国的粮食通道。

不久，楚国粮食短缺，价格疯涨，百姓无法购买粮食，只能忍饥挨饿，导致国内出现动乱。

齐桓公了解到楚国的情况，兴奋地对管仲说："现在我是不是该出兵宣战了？"

管仲摇摇头，说："大王，你能确保我们一定能打胜吗？"

齐桓公并没有把握，管仲笑道："大王别急，如今楚国内部粮食价格大涨，百姓吃不上饭，他们需要的是填饱肚子。所以我们需要打开边境，让楚国的难民进入齐国，以此削弱楚国的国力。"

随后，管仲派人将粮食运到边境地区，对楚国的难民说道："你们楚王昏庸无能，让你们饿了肚子，但是你们不要着急，只要投奔到我们齐国，就会有吃不完的粮食。"

于是楚国大批难民涌入齐国，导致楚国国力衰微，一蹶不振。没多久，楚国就向齐国屈服了，齐桓公也成为各诸侯国都认可的霸主。

管仲使用"不战而屈人之兵"的策略，使齐国未动一兵一卒，就让楚国屈从，帮齐桓公成就了霸业。

【释评】

有文化、有才能的下属博学多才，智慧过人，他们拥有清晰的思路和远大的目光，这往往是管理者起用他们的原因。要想驾驭有文化、有才能的下属就一定要懂得尊重他们，把他们看成尊贵的人。只有让有文化、有才能的下属感到自己被重视，他们才会竭尽全力地发挥自己的才智，为管理者效力。

四、忠诚守信，行事稳健

【原文】

忠者直也，不驭则窘焉。忠者烈也，不驭则困焉。乱不责之。安不弃之。孤则援之。谤则宠之。私不驭忠。公堪改志也。赏不驭忠。旌堪励众也。

【译文】

忠诚、耿直的人是很直爽的，不驾驭他们就会让自己难堪。忠诚、耿直的人性格刚烈，不驾驭他们还会让自己陷入困境。在局面混乱的时候不要责备忠诚、耿直的人。环境安全时不要抛弃忠诚、耿直的人。当忠诚、耿直的人受到孤立时，要去援助他们。当忠诚、耿直的人受到诽谤时，君主要信任他们。用私心无法驾驭忠诚、耿直的人，一心为公才能得到忠诚、耿直的人的拥护。不要通过奖赏来驾驭忠诚、耿直的人，要在精神上表扬忠诚、耿直的人，让所有人以他为榜样。

【事典】

敢于直谏的魏徵

唐高祖李渊建立唐朝之后，应群臣的要求，立嫡长子李建成为太子。

太子颇有才干，经常帮李渊处理朝中事务。但是次子李世民在晋阳起兵中功劳最大，并且经常领兵出征，为唐政权的建立与巩固做出了重要贡献。

魏徵作为太子洗马，不得不为太子的前途着想，他见太子功绩远不如李世民，于是建议李建成去请战立功。李建成听从魏徵的建议，于是自请出讨刘黑闼，将其擒斩，平定山东。为了加强自己的军事势力，太子还私下招募骁勇两千余人，屯守东宫左右长林门，号称“长林兵”。

然而李世民早年身边就聚集了一批才能出众的文官武将，还在外蓄养了八百勇士，这给李建成的太子之位造成了很大的威胁。

为了保住自己的太子之位，李建成不得不多次陷害李世民，并想借机将他杀死。后来，李世民发动了“玄武门之变”，杀死太子李建成。其部下本应按胁从罪受到处罚，但是李世民部下大将尉迟敬德却极其反对，说：“罪魁祸首已经惩罚完毕，如果再株连他们的部属，这不是稳定局势的政策。”于是这些人都免于处分。

李世民听说太子李建成身边有一个叫魏徵的人，曾多次劝太子将李世民赶出京城。李世民便命人将魏徵找来，气愤地质问他：“你为什么要挑拨我们兄弟之间的关系？”

周围的人都为魏徵担忧，生怕回答不好，惹来杀身之祸。

只见魏徵毫无惧色，反而直言不讳地说：“可惜太子没有听我的话，否则也不会有今天的下场。”

听到这样的回答，在场的人都为之一惊，再看李世民，不但没有继续责怪他，反而转怒为喜，对他的直爽大加赞扬。于是，李世民任命魏徵为谏议大夫，主要负责为皇上提意见。

玄武门之变后，李世民派魏徵到河北安抚李建成的旧部，允许其自行解决问题，无须上奏。魏徵走到磁州时，正巧遇到押送前太子部下李志安、李思行的囚车正在驶向长安。魏徵对副使李桐客说："我们动身时曾得到秦王李世民的诏命，太子旧部都一律赦免，不用再行请示。你现在又把李思行等人押送到京师，这样谁还会相信诏令呢？朝廷派我们安抚河北、山东，这样怎能让人们信服，岂不是因小失大吗？如果现在释放他们，不再追究他们的罪责，那么信义的感召就会远达天下。我们这次出使，主上赐予自行处理事情的权力。主上既然对我们以国士相待，我们怎能不以国士相报呢？"

李桐客同意了，当即将这些人释放了，并上书呈报李世民。李世民览奏后非常高兴。

后来，李世民登上皇位，更加器重魏徵，他多次于卧榻召见魏徵并询问得失。魏徵性情耿直，又有治国的才能，每次提出意见，皇帝总能欣然接受。但是，魏徵秉性耿直，不惧皇权，有时也会因为反对皇上的意见，搞得皇上很是难堪。

有一次，李世民派人征兵，标准是十八岁以上才够得上资格，但是有人上书说："男子如果年龄不到十八岁，身体强壮魁梧者，可以一并征收。"

李世民觉得有理，便应允了。然而魏徵却坚决反对，不肯签署，皇帝多次催促魏徵都不执行。李世民将魏徵召入宫中，大发雷霆，对其斥责道："那些男子虽然未成年，但是身体强壮，完全可以参军入伍，朕征收他们有什么错？你为什么如此固执？"

魏徵据理力争道："我听说，如果把湖水抽干来捉鱼，固然可以捉到鱼，但明年就无鱼可捉了；把树林烧光捉野兽，也可以捉到野兽，但到明年也就无兽可捉了。如果你现在把不满十八岁而身强体壮的男子都征来当兵，那以后还去哪里征兵呢？陛下的诏书上清清楚楚地写着征召十八岁以上的男子，现在这不是不讲信用吗？军队在于精，而不在于多。陛下征召成年的壮丁，用正确的方法加以管理，便可以无敌于天下，为什么非要征收年幼之人填充人数呢？而且陛下总说：‘朕以诚、信治理天下。’但是现在陛下已经失信多次了！”

李世民听魏徵说自己失信，更加气愤，问道：“朕如何失信了？”

魏徵开始历数过去：“陛下刚即位时，曾下诏说：‘百姓拖欠官家的财物，一律免除。’而有人认为拖欠秦王府的财物不属于官家财物，所以照旧征求索取。陛下由秦王变为皇上，秦王府的财物不是官家之物又是什么呢？又说：‘关中地区免收两年的租调，关外地区免除徭役一年。’不久又有敕令说：‘已纳税和已服徭役的，从下一年开始免除。’如果退还已纳税物之后，又重新征回，这样百姓不能没有责怪之意。现在是既征收租调，又指派为兵员，还谈什么从下一年开始免除呢！这难道是以诚信为治国之道吗？”

李世民看魏徵所说不虚，感到十分尴尬，但还是赞成道：“以前朕总以为你非常固执，认为你不通达政务，现在看到你议论国家大事，句句切中要害。正如你所说：朝廷政令不讲信用，则百姓不知所从，国家如何能得到治理呢？这的确是朕的过失啊！”

于是李世民下令不再征收未满十八岁男子入伍，并赐给魏徵一只金瓮。

有一次，有人诽谤魏徵包庇自己的亲戚，李世民派御史大夫温彦博去查办，结果查无实据。温彦博向李世民启奏道：“魏徵作为一个臣子，应该使自己的行为显明，他不能远避嫌疑，以致遭受这些没有根据的诽谤。虽然他没有私情，也应当受到责备。”

李世民觉得温彦博所说有理，便让温彦博代替自己去责备魏徵，并说：“从今以后，行为不得不存痕迹。”

第二天，魏徵入朝上奏说：“臣听说君臣一心，如同一个整体。如果不顾国家大事，而一味追求行为显露痕迹，那么国家的兴衰就难以预料了。”

李世民被魏徵说得面露愧色，说道：“对于这件事我已经悔悟了。”

魏徵又跪下说："希望陛下让臣做一个良臣，而非一个忠臣。"

李世民不明其意，问道："忠臣、良臣有什么不同吗？"

魏徵说："稷、契、皋陶就是良臣，龙逢、比干就是忠臣。良臣使自身获得美名，君主得到光耀的称号，子孙世代相传，福禄无边。而忠臣却使自身遭受横祸，使君主陷于愚昧、凶暴的境地，导致国破家亡，最终只能落得一个忠臣的名号而已。所以，忠臣和良臣从实际意义上来说，相差很远。"

李世民被魏徵的话深深打动，又赐给他绢五百匹，之后更加规范自己的言行。

魏徵在职期间，曾向李世民面陈谏议五十次，谏诤多达"数十余万言"。其次数之多，言辞之激切，都是其他大臣难以伦比的。在他的提醒下，李世民不但对自己的个人行为有所收敛，也更加勤勉为政，兼听广纳，居安思危，才开创了"贞观之治"。

魏徵去世后，李世民经常对身边的侍臣说："以铜为镜，可以正衣冠；以史为镜，可以知兴替；以人为镜，可以明得失。朕经常用这样的方式防止自己犯错，但现在魏徵去世，我少了一面镜子。"足以见得魏徵在李世民心中的地位。

【释评】

忠诚、耿直的人是国家的一大财富，他们不但忠心为国，没有私心，还性格直爽，不拐弯抹角，总是毫不避讳地提出问题的弊端。要想驾驭忠诚、耿直的人就要了解并容忍他们的性格，遇到问题不要遮遮掩掩，利用他们正直的特点为国家办事。

【事典】

古弼的刚烈耿直

古弼是北魏名将，因其具有远见卓识，有勇有谋，为北魏政权的稳定立下了汗马功劳。

他一生辅佐四代君主，尤其受到明元帝拓跋嗣及其儿子太武帝拓跋焘的赏识。古弼并不是他的原名，而是明元帝所赐。明元帝见其刚正不阿，便赐名“笔”，但是觉得“古笔”并不太好听，又改为“古弼”，意为“辅弼之才”。

太武帝在位时对其尤为器重，古弼的头尖，太武帝时常恭敬地称他为“笔头公”。

在辅佐太武帝期间，古弼任侍中、吏部尚书等职。有一次，上谷地区百姓上书，反映皇亲国戚在上谷地区圈占了太多土地，导致百姓无田地可种，希望减少圈地面积，让老百姓能够正常生存。马上就要初春，正是百姓们播种的时间，如果不马上解决此事，就会错过播种时间，导致土地荒废。

古弼读完奏折后，看事情紧急，立马入宫上报皇上，想让皇上尽快批示，为老百姓开通一条生路。然而古弼入宫后，发现皇上正在和给事中刘树下棋，皇上听说古弼有事启奏，却无动于衷，让他在一旁等待，自己仍然沉浸在围棋之中。

下完一盘围棋岂是三两分钟能够完成的事？皇帝正和刘树“杀得起兴”，生怕稍不留神走错一步导致失败，所以根本无心顾及其他，一心钻研棋子到底该落在何处。古弼在一旁等了很久，多次启奏，皇帝却一直不加理睬。

古弼是个武将，脾气刚烈耿直，他发现此时皇帝眼中除了围棋，根本没有其他。他越等越气，最后实在忍不住了，直接走上前把刘树的头发揪住，将其拉下床来，上去就是一顿拳打脚踢，嘴里还不停地抱怨道：“皇上不理朝政，都是你的罪过。”

太武帝见状立马变了脸色，他没想到古弼竟然在自己面前如此无理，虽然他打的是刘树，然而却是侧面鞭笞皇上只知玩乐，不理政事，这不是给自己难堪吗?于是厉声呵斥道："不听奏事，是朕自己的错，和刘树有什么关系，你快点停手。"

于是古弼停下手来，立马将上谷圈地之事一五一十地奏明给皇上，皇上听到古弼所奏之事，不禁暗暗称赞古弼真是一位为百姓着想的好官，当即同意了百姓的请求，将土地还予他们。

待事情处理完毕，古弼认罪道："我作为臣子，在皇上面前无理，的确有罪，理当受罚。"

说完，前往公车门，摘下帽子，脱下鞋子，光脚跪下，请求皇上治罪。太武帝听说后，派人将他召进宫殿，诚心诚意地说："你快点戴上帽子穿上鞋子吧，你没有什么罪过。从今以后，如果有利于国家社稷，有益于广大百姓的事，即使困顿鲁莽，也没有关系，不要有所顾虑。"

在这件事中，虽然刘树被打有些无辜，但是皇上也认识到了自己的错误，任何时候都应该以国事为重。并且也侧面告诫群臣，没事不要陪皇上一起玩乐。

有一年，太武帝大阅兵，要在黄河以西狩猎，而古弼却在京城留守。太武帝下令把肥壮有力的马匹调来参与阅兵，但是古弼却给皇上换成了瘦弱的马匹。太武帝得知后，十分愤怒，说："这个尖头奴，竟敢限制朕。等朕回朝之后，首先杀了你这个奴才。"

古弼的属官听皇上这么说，都吓得心惊胆战，生怕皇上真的将古弼诛杀，自己受到牵连。古弼却毫无惧色，一脸淡定地说："我认为不让皇上狩猎以防止他游乐过度，这是小罪过。而不预防外敌，使贼寇乘虚而入，才是大罪过。北方的游牧民族很是强大，南方的贼寇也未全部消灭，他们都在觊觎我们的国家，想趁机入侵，这才是我所忧虑的。所以强壮的马是用来打仗的，不是用来游玩的，我这是在为国家的长治久安做长久打算。我的初心是为了国家社稷，即使被杀我又有什么值得害怕的呢?英明的君主会听从别人的劝说，即使皇上想杀我也是我自己的罪过，与你们无关。"

这话传到太武帝耳中，他再次佩服古弼的精明睿智，不禁赞叹道："有这样的臣子，真是国家的宝贝啊！"

皇上不但不再追究古弼的换马之过，后来还赏赐给他一套衣服、两匹马和十头鹿。

还有一次，太武帝在山北狩猎完毕，捕获了大量麋鹿，足足有几千头，皇上非常高兴，立马下令，让尚书调发五百辆牛车过来，将这些麋鹿运回皇宫。诏书送出不久，皇上又有所顾虑，他对随从说："笔公肯定不会给朕车的，朕还是用马匹运输吧，这样比较快速。"

于是，皇上命人将麋鹿放置于马上，开始返回京城。正如皇上所料，古弼并未调任何牛车给皇上。皇上在回京途中收到了古弼的回奏，上面写道："如今正是秋季庄稼成熟之时，麻菽遍布田野，每日有猪鹿偷吃，鸟雁侵扰，再加风吹落地，早收和晚收会导致粮食收入差出三倍，祈求皇上宽恕，暂缓运输麋鹿，将牛车赐予百姓，让他们先将庄稼收割运输。"

太武帝看后微微一笑，说道："笔公果然如朕所预测，他真可以说是国家的重臣啊。"

古弼性格刚烈，敢于上谏，以顾全大局而著称，由此得到太武帝的喜爱。虽然古弼也曾因为小事而犯过错误，但是皇帝因其正直忠诚，并未追究。

太武帝在位期间，曾"威服四夷"，朝政清明，不得不说古弼的辅佐起了很大的作用。

【释评】

忠诚、耿直的人性格比较刚烈，不会为了权势而低头，如果不听他们的意见就有可能让自己陷入困境。忠诚、耿直的人心怀天下，一生都在为国尽忠，不会为了皇上的私欲而放弃政事，国家的发展和百姓的安康才是他们最注重的事，所以驾驭他们就要支持他们的想法和行为。

【事典】

维护班超的汉章帝

东汉时期，北匈奴侵犯西域，搅得人民生活不得安宁。之后，汉明帝派遣窦固出兵攻打匈奴，班超随军出征。

班超原本只是一个文人，却志在沙场，此次一入军营，他就显示出了与众不同的才能。他勇猛无比，杀敌众多，受到窦固的赏识，于是窦固派他出使西域。

在平定西域各国期间，班超不但表现得骁勇善战，而且足智多谋，他凭借自己的智慧和实力先后让鄯善、于阗、疏勒三个国家恢复了与汉朝的臣属关系，稳定了当地人民的生活。

汉明帝去世后，汉章帝即位。受皇帝之命，班超决定班师回朝，然而却受到疏勒国的强烈挽留。都尉黎弇说："汉朝使臣如果离开我们，我们必定会再次被龟兹灭亡。我实在不忍心看到汉使离去。"说完，竟然伤心地拔刀自杀了。班超大吃一惊，但是由于皇命在身，无法违抗。

当大军行至于阗时，于阗国王和百姓都放声大哭，他们说："我们依靠汉使，就好比孩子依靠父母一样，你们千万不能回去啊。"

很多人死死地抱住班超的马腿，不让其前行。班超看到此种情形，也异常难过，其实他也并不想回朝，毕竟西域还未完全安定，他还想在此驻守，继续未完的事业。于是，班超向皇上上书，表明心愿，并向皇上奏明，打算用"以夷制夷"的策略对付匈奴及其帮凶。

汉章帝看到奏章后，明白了班超的志向，并对他抱有很大的信心，于是派徐干带领一千多人对其进行支援。

当时，龟兹国是西域的一个大国，经常联合匈奴侵犯其他小国，然而班超兵马较少，与龟兹对抗还是困难重重。

所以，他想借乌孙国的力量一起平定龟兹，当初汉朝和乌孙有联姻关系，班超就想让皇上派使者招抚乌孙，与之合作。

于是，皇上派遣卫侯李邑护送乌孙使者前往西域，李邑胆小如鼠、贪生怕死，走到于阗时，正好赶上龟兹进攻疏勒，他因为害怕不敢前行，就迁怒于班超。

李邑上书皇上，说班超只知在西域享乐，有美妻爱子相伴，根本无心安定西域，导致西域兵荒马乱，动荡不安。

班超得知后，不免有些气愤，又怕皇上信以为真，心里闷闷不乐。妻子了解到情况后，为了保全班超的名声，选择离开班超，带子游历西域各国。

好在汉章帝深明大义，他知道班超对国家赤胆忠心，并未听李邑的诽谤之言，反而下诏斥责李邑说："若你所说果真属实，那一千多名士兵怎么心甘情愿跟随班超，而远离自己的亲人呢？"并且还让李邑留在西域，听从班超的调令。李邑看到皇帝的诏书，自然是傻眼了，这不是自讨苦吃吗？诬告班超没有得逞，反而把自己留在了西域。

对于皇帝的信任，班超自然感激不尽。然而，他并未因此记恨李邑，也没听从皇帝的意见留下李邑，而是派他保护乌孙侍子回京。

徐干不解其意，问班超："李邑对你进行诽谤，还否定你平定西域的功业，现在你为什么不遵循陛下的旨意把他留下来任你调遣呢？为什么不另派他人护送侍子呢？"

班超说："你怎么可以这样说呢？正因为李邑诽谤我，我才不能将他留下来，免得被人误会我公报私仇，所以我才派遣他回国。我问心无愧，还怕别人说什么呢？我如果为了发泄自己的不满而把他留下来，这就不算忠诚、耿直的人了。再说，西域的环境的确艰苦，我硬把他留在这里，不是对他的折磨吗？"

李邑得知后，心里万分感动，以后再也不诽谤班超了。

后来，班超带领着一千多人，联合一些友好的大国，打击了匈奴、龟兹和其余叛乱的国家，终于使西域的局势得以控制，也使中原与西域经济、文化交流的重要通道“丝绸之路”得以重新开通。

从此，班超成为西域家喻户晓的人物。

【释评】

忠诚、耿直的人胸怀天下、一心为公，他们不拉帮结派、趋炎附势，所以有时显得格格不入。忠诚、耿直的人容易受到奸诈之人的排挤，往往在人群中难以立足。当忠诚、耿直的人受到他人诽谤和排斥时，领导者一定要相信他们，给他们底气和依靠，这样才不会让忠诚、耿直的人寒心。

【事典】

董宣的刚正不阿

光武帝时期，董宣曾任北海国相，他以刚正不阿、不畏权势而闻名。而公孙丹是北国的大姓宗族首领，在当地影响力非常大，所以董宣任其为五官掾。

当时公孙丹想造一座新的宅邸，便请了一个风水先生来看。风水先生说这座府邸需要死人，这样才有利于风水。公孙丹便信以为真。

于是，公孙丹让儿子持剑在马路上等着，正好遇到两个过路人，就随手将他们杀掉了，然后把这两个死人堆到新造的房子里，去晦气。

董宣得知后，怒火中烧，光天化日之下竟敢随便杀人，简直无法无天，便立刻命人将公孙丹父子逮捕并诛杀了。董宣的这一行为直接触怒了公孙丹的宗族和党羽，他们三十几个人聚到一起，直接带着兵器去府衙喊冤，聚众闹事，还叫嚷着要为公孙丹父子报仇。

董宣性格刚直，当然不会被他们吓到，他直接下令将这些人全部逮捕，并让书佐水丘岑将他们一概杀掉。青州刺史认为董宣罔顾法律，滥杀无辜，于是上书向皇上弹劾董宣。

皇上也觉得董宣所为有些过分，立刻把他打入廷尉监狱，并派人拷打水丘岑。在监狱中，董宣不以为意，没有一点惧色，每天在狱中阅读诗书。

后来，董宣被判处死刑。待行刑的那天，官属端来了“断头饭”给董宣吃，董宣却厉色说道：“我董宣生平没有吃过别人的东西，何况在死的时候呢？”

于是他饿着肚子走上了刑场。当轮到董宣行刑之时，光武帝急忙派侍从骑士赶去，赦免了董宣的死刑，并且命令他回到监狱去。

皇上使者审问董宣，说道：“公孙丹父子无故杀人，理应斩首，你已经将他们诛杀。然而那些闹事者不过是想借此发泄心中的愤懑，他们并没什么错，你为什么也一概杀掉？你这样的行为和公孙丹父子有什么区别？”

董宣耿直地回道：“公孙丹在当地势力庞大，他的这些宗族及党羽以前都是跟着西汉统治下的‘逆贼’王莽的，对目前朝廷并不臣服，他们一起出来闹事就是与朝廷作对，万一哪天再跟海盗勾结起来叛乱，就更不好制止了。”

董宣又说：“水丘岑不过是按照我的命令办事，他没有罪，为什么要把他抓起来，希望皇上明察，把他放了。无论什么罪行，都让我一人承担。”

这些话传到光武皇帝耳中，光武帝敬佩董宣目光长远，帮其解决了后患，将其和水丘岑都赦免了。但是“死罪可免，活罪难逃”，光武帝下诏将董宣降为怀县县令。而水丘岑因为没有任何罪过，皇上不但不再追究，反而将其升为司隶校尉。

由此可见，光武帝心里非常明白，地方豪强势力太大，根本不把皇上和法律放在眼中，这样定会给朝廷造成隐患，他正好可以借此事杀一杀地方豪强的嚣张气焰。而他也根本没有打算诛杀董宣，但毕竟董宣无故杀人是事实，所以只好先把董宣打下狱中，假装要处死，然后赦免，降职，以后再慢慢等待时机提拔他。其实这不过是为了掩人耳目，做给一些豪强势力看的。皇帝心知肚明：董宣才是自己所需要的人才。

后来，洛阳县令之位空缺，皇上就提拔董宣为洛阳县令。当时湖阳公主的奴仆白天行凶杀人，因为害怕被抓就躲在公主家里不敢出来。而董宣即使作为官吏，也无法直接进入公主府抓人。

后来湖阳公主外出时，用这个杀人的奴仆做陪乘。董宣就派人在夏门亭等候湖阳公主。待湖阳公主从此地经过，他直接拦截住公主的马车，并用刀划地，大声列举公主的过错，还呵斥那个奴仆下车，并毫不犹豫地杀了他。

湖阳公主见董宣如此猖狂，不经自己同意就处罚自己的人，她立即进宫哭着向光武帝诉说了这件事。光武帝一听，顿时大怒，下令立马召董宣觐见，要用庭杖打死他。

董宣跪在光武帝面前说：“请求皇上让我说一句话，我再死不迟。”

光武帝气愤地问道：“你想说什么？”

董宣毫不客气地说道：“陛下圣德中兴汉朝，却放纵奴仆杀害良民，将怎样治理天下呢？我不用棍打，请求自杀。”

然后用头撞在了柱子上，顿时血流满面。

皇帝赶紧命令小黄门扶住他，并让董宣向公主磕头谢罪。董宣认为自己秉公执法，并无罪过，所以坚决不跪。小黄门强迫他叩头，他两手据地始终不肯低头。公主说：“文叔（皇上）在当百姓时，即使隐藏了逃犯和犯了死罪的人，官吏因为惧怕你而不敢上门捉拿。如今做了天子，难道你的权威还不能施加于一个县令吗？”

光武帝笑着对公主说：“天子不能同百姓一样。”然后对董宣说：“你的脖子真是硬啊！既然如此那就封你一个‘强项令’的头衔，你下去吧。”又赐给董宣三十万钱，董宣全把钱给了手下的官吏们。

由此董宣刚硬的名声传遍京城。从此，董宣打击豪强，没有不震惊发抖的，京师称他为“卧虎”，有百姓唱歌表扬他说：“董宣衙前无人击鼓鸣冤。”

其实刘秀对于董宣的刚正不阿了解得很透彻，有时候让其认罪，也不过是做做样子而已。毕竟刘秀作为一代明君，并非是非不辨，他知道，办公事不可以存有私心，否则将难以服人。

【释评】

明君都会忧国忧民、心怀天下，他们不徇私枉法，滥用职权。忠诚、耿直的人同样如此，他们虽然会听从当权者的指挥，但是绝不会混淆是非。当权者如果私心太重，就无法让忠诚、耿直的人臣服，甚至会失去他们。只有一心为公，才能真正地驾驭他们。

【事典】

不畏强权的王杰

在封建社会，皇帝为了稳固自己的江山社稷，都非常注重对未来接班人的培养，所以，他们常常精挑细选，找一位德才兼备的人来担任皇子的老师。

乾隆帝在位期间，王杰曾依靠自己的实力在众人中脱颖而出，担任起教育皇子的重任。

王杰从小饱读诗书，后参加科举考试，取得第三名的好成绩。然而，在殿试时，却因为字迹娟秀被皇上钦点为状元，被安排在南书房当值，后来多次升迁。

王杰为人正直，为官清廉，在职期间，对皇帝忠心耿耿，从不屈服于权贵。当时，和珅是皇上的宠臣，权倾朝野，朝中大臣大多不敢与之对抗，只有王杰不趋炎附势，只要与之政见不合，就据理力争，还经常明里暗里对他冷嘲热讽，让和珅很是难堪。

当然，乾隆帝深知王杰一片赤诚之心，同样对他宠爱有加，这致使和珅对他恨之入骨，却又无可奈何，王杰成为唯一与和珅对抗的大臣。

为了拔掉这个“眼中钉”，和珅费尽心思搜集他的“罪证”，但没有抓住任何把柄。后来和珅诬陷王杰徇私舞弊、贪赃枉法，皇上派人去王杰老家调查，发现他家房屋破旧，年久失修，就像穷人家的房子。皇上得知后，随即召王杰来见，说道：“你作为宰相，家宅也太过于简陋了。”于是赏赐王杰三千两白银，让他修理房屋。王杰根本不知道自己被人诬陷弹劾，有点“丈二和尚摸不着头脑”，但他对皇上的好意婉言谢绝了。

正因为王杰品德高尚，学识渊博，皇上对他更加信任，遂升任他为尚书房总师傅，担任起教授皇子们的职能。虽然面对的是皇子，他依旧秉持着公私分明的原则，教书时严宽相济，该赏则赏，该罚则罚。他不但注重皇子们的学业，还会对他们的人品和人格进行全面的培养。

有一次，乾隆帝处理完公务，想看一下皇子们的学习情况，于是来到尚书房。然而却看到令他非常气愤的一幕：十五皇子颙琰因为未完成老师安排的学习任务，正在被惩罚下跪。

乾隆帝顿时怒不可遏，皇子地位尊贵，怎可说跪就跪？再说，虽然此时皇帝还未册封太子，但大家都能看得出来，颙琰深受皇上中意，定会成为自己的继承人，一个大臣怎可对未来的皇帝进行惩罚，简直无法无天了。

乾隆帝立马将颙琰拉起来，并对王杰训斥道："他可是以后的天子，你让天子跪在地上，还有没有君臣之礼！"

王杰并没有因为乾隆帝生气而屈服，毅然说道："我好好教导他就会成为尧舜，不教导他就会成为桀纣，这是我在实行老师的权利和职责，并不是在论君臣之位。"

王杰的话一针见血，如果不对皇子好好教导，以后他就会成为亡国之君。

乾隆帝听后竟无言以对，同时也被王杰的责任心深深感动，王杰真的是为国家社稷着想啊，他在为国家培养明君，自己怎么可以为了私利反对他的行为呢？于是乾隆帝继续让颙琰跪下，随即离开了。作为皇帝，手握生杀大权，如果谁有失误，立马就可以将其治罪。然而，不得不说，乾隆皇帝还不算糊涂，经过王杰的解释他很快认识到自己的错误，深感惭愧，他明白了不能公私混淆，更不能以权压人。所以他放权于王杰，不再干预对皇子的教育之事。

【释评】

历史上的任何一个明君，都是一心为国家和百姓谋福利。他们喜欢重用忠诚、耿直的人，虚心听取忠诚、耿直的人的意见。他们更懂得如何收敛私心，当个人利益和国家利益发生冲突时，他们定会选择抛弃个人私利。他们知错能改，绝不独断专行。

【事典】

自奉菲薄的岳飞

对于岳飞抗金的事迹我们耳熟能详，他除了是一位民族英雄，还是一个勤俭节约、清正廉洁的人。

岳飞 20 岁参军，凭借着勇猛和智慧很快在军中脱颖而出。后来在抗金战争中屡战屡胜，成为赫赫有名的抗金名将。岳飞因为功劳大，职位高，每年的俸禄就有 7 万多贯钱，在当时可谓富有之人。但是岳飞平时生活十分节俭，也不许家人奢侈浪费。

平日，岳飞家里基本只吃面食，再加一点腌制的配菜，因为米的价格较高，所以他从不买米。某次，岳飞去部将家里做客，部将知道岳飞并非讲究之人，就随意做了点蔬菜馅的包子，然而岳飞吃后不住地夸赞非常美味，这使部将感到非常意外。岳飞临走时，还将剩下的包子打包带上，说拿回家当作晚饭，否则浪费了太可惜，部将不禁惊讶万分，对其佩服得五体投地。

岳飞家里平时很少吃肉，只有宴请部下或逢年过节才会添上点猪肉，因为猪肉的价格相比其他肉类更加便宜。有一次，岳飞和部将会餐，按岳飞定下的规矩：与属官一起吃饭，只需要加猪肉就够了。结果那天的餐桌上莫名多出了一盘鸡肉。岳飞很是诧异，就把厨师叫来低声询问："这鸡肉是哪儿来的？"

厨师只能如实相告，说道："将军，这鸡肉是鄂州知州衙门送来的。"

岳飞把脸一沉，怒斥道："以后不准再接受任何人的馈赠，这不是坏了我的规矩吗？"

岳飞及家人平时所穿的都是粗布衣衫。一天，他看到妻子李氏穿了一件丝绸衣服，就十分生气地让其换掉，并说："现在皇后和王妃们都被金人掳走，他们正在北方过着很艰苦的生活，你怎么能穿这么贵重的衣服？你既然愿意和我同甘共苦，就要以俭朴持家。”

从此之后，妻子再也没有穿过丝绸衣服。

即使在部队里，岳飞也是身先士卒，和士兵们同甘共苦，就算是一杯酒、一小块肉也要分给士兵。每次军队远征，他都会让自己的妻子到将士的家中慰问，给有困难的家庭送去财物。官兵们家里如果有婚丧嫁娶之事，他都会亲自去看望。

只要有战争就会有死伤，而每次有将士战死沙场，岳飞就会担负起照顾其家人的责任。在战争胜利后，朝廷都会论功行赏，而岳飞认为，行军打仗，靠的是全军将士出生入死的浴血奋战，所以功劳应该是大家的。所以每次上报功劳，他都以自己无功为由拒绝接受皇帝的赏赐。但是军中之人，从小吏到文官，再到每位将士，凡是有尺寸之功，他都会让记录在册。如果发现有人没有得到应有的封赏，他就向朝廷再三请求，唯恐他们得到不公正的待遇。

当然，皇帝每次也没有亏待过岳飞，依然会对其进行嘉奖，所奖赏的钱财可以说是不计其数，然而他却没有将财物归为己有，而是全部用于奖励下属。

岳飞的家乡是主战区，百姓饱受战乱之苦，流离失所，为了远离战乱，他们不得不逃离家乡，岳飞就购置了大量田产和地产，建造了很多房屋，供他们遮风挡雨，让他们过正常人的生活，而他自家居住的却一直都是从前的破破旧旧的小房子。宋高宗曾要送岳飞一座豪宅，被他严词拒绝了，他说：“敌未灭，何以家为？”

岳飞作为中国历史上忠诚、耿直的人的表率，的确当之无愧，他一生一直在为国尽忠，却从不为功名利禄所动。曾经有人问他：“天下何时太平？”

岳飞说道：“文臣不爱钱，武臣不惜死，天下太平矣！”

此话或许可以表达他此生之志吧！

【释评】

在封建社会，当臣子为国家做出贡献时，皇帝往往会对其进行嘉奖：有的加官晋爵，有的赐予财物。这既表达了皇上对其功劳的认可，也是皇帝驾驭臣子的一种方式。但是，对于忠诚、耿直的人而言，奖赏不过是身外之物，这并不是他们一生所求，他们注重的仅是自己的一颗赤胆忠心。

【事典】

李善的忠义之举

在东汉时期，有一个人名叫李善，他是当地大户人家李府的管家。他心地善良，为人厚道，一直对主人尽心侍奉，主人待他也如家人一般，从无亏待。

但是天有不测风云，那年，南阳地区出现瘟疫，李府上下多人染病，后来全家人相继去世，只留下一个二十多天的婴儿——李续。

面对万贯家产和这个襁褓中的婴儿，下人们开始各怀鬼胎，暴露阴险面目。他们认为李府没了主人，所有财产就是他们的了，而对着这个不知世事的婴儿，不如将其害死，也免除了后顾之忧。

这时，管家李善毅然站出来和大家理论："主人在世的时候，待你们都不薄啊！他到底哪点对不住你们，让你们如此恩将仇报？再说李府还有李续尚在，这家产本应该继承给他啊。"

那些仆人却对李善说："我们生来都是人，凭什么李家就应该拥有千万财产，而我们却一贫如洗？我们伺候李家人多年，付出了那么多，如今主人已亡故，这些财产就应该是我们的了，难道我们把它分掉有什么不对吗？一个乳臭未干的小子要家产有什么用？"

面对这群忘恩负义的家伙，李善知道自己无力扭转什么，就想尽快离开李府。他看到躺在床上的李续，顿时泪如雨下，到底该怎么处理这个孩子？

送人？万一哪天被这些下人得知，那么孩子岂不危险？自己带？一个大男人带着不足满月的孩子，到底该怎么抚养？

犹豫许久之后，李善想：这是李家唯一的香火了，我如果不尽心尽力去管他，又怎么对得起主人生前对我的恩情？

于是，李善毅然带着李续逃到了山里，过起了隐居的生活。

李善在山间找了一块地方，搭建了一间茅草屋，每天以山上的野果和露水充饥，饥一顿饱一顿。可是怀里的这个孩子还那么小，没有乳汁怎么能行？所以孩子被饿得哇哇大哭。

李善无所适从，只能让孩子含着自己的乳头，以示安慰，可是这终究解决不了实际问题。

于是李善跪在地上不住地祈求老天给他们一条生路，他向着苍天大喊道：“苍天啊！这个孩子才几十天，我到底该如何抚养啊？如果他不幸夭折，我怎能对得起主人的在天之灵呢？以后在九泉之下我又有何颜面再见主人啊？”

李善越说越伤心，最后竟然抑制不住地大哭起来。哭着哭着，他突然感觉自己的乳头开始有东西流出。当他再次望向怀里的孩子时，只见他正在大口大口地吸着乳汁。

李善扑通一下跪倒在地，流下感激的泪水，他开始向上天磕头礼拜，感恩老天眷顾他们这样孤苦无依的人。

就这样，孩子终于活了下来，可是日子到底有多艰辛，只有李善自己知道。他每天不但要耕种采集、煮饭洗衣，还要精心养育年幼的李续，简直尝尽了人间的艰难。在他的呵护与照顾下，李续慢慢长大了。李善除了教他一些基本的生活技能，还教他做人的道理，在李善的言传身教下，年少的李续也秉承了他淳厚善良的品格。

最难得的是，李续虽然是个孩子，但是李善依然把他当成自己的主人，每天对他恭恭敬敬，无论做什么事都会事先向他禀报。

转眼间，李续已经十岁了。李善决定让其夺回李家的家业，李善就带着李续到官府击鼓鸣冤。他将当年李家下人霸占李府房屋和财产的事情一一报告给官府，并希望官府惩治那些下人，将李家的财产还给李续。

县令钟离意听了他的讲述，深受感动，想不到还有这么忠义的人，于是为李家平反了冤情，收回了财产，那些霸占了李家财产的佣人都受到了惩治，李善带着小主人终于回到了久别的故乡。

随后，县令钟离意将李善的事迹上书给皇帝，他相信李善忠义的节操，不仅能够移风易俗，而且能够教化后人。果不其然，皇帝看后也为李善的忠义所深深感动，他随即召见了李善，并让其担任太子舍人一职。

在古代，培育太子可是朝廷最为重视的事情之一，因为他们肩负着未来的江山，决定着国家的走向。而皇帝将如此重任交于李善，其对李善的信任可见一斑。

后来，李善官拜日南太守，途中经过南阳。他离开李家多年，当他再次经过时，往事突然涌上心头，心中百感交集。他决定去拜祭一下主人，于是命人停下轿子。他卸下官服，换上粗布衣裳，缓缓地走向墓园。安静的墓园中已经杂草丛生，李善提起一把老旧的锄头，开始卖力地清理杂草。他一步步地来到主人的墓旁，抚摸着残损不堪的墓碑，禁不住心中的悲恸，跪地放声大哭，哭声哀凄，闻者莫不为之动容泣泪。

几天来，他都徘徊在墓园中不忍离开，经常追思恩主，有人不时见到李善抚着墓碑暗自抽泣。即使今天他已经不再是卑微的佣人，而是令人尊敬的朝廷命官，但依然不忘主人恩情。

饱经沧桑的李善，深深了解百姓的疾苦，所以能够用“仁民爱物”的心来照顾大众，把地方治理得很好，深受人们的爱戴。后来小主人李续也很有成就，官至河间相。

【释评】

当有些忠诚、耿直的人取得成绩，领导者常常对其进行奖赏，然而其最终目的却是让其他人以此为典范，以驾驭所有人。然而奖赏不只是财物和官位，还有精神上的激励。表扬忠诚、耿直的人的行为，让他们感到荣耀，这样才会让更多的人以他们为榜样，并学习他们的行为。

五、人性洞察，以智防奸

【原文】

奸不绝，惟驭少害也。奸不止，惟驭可制也。以利使奸。以智防奸。以力除奸。以忍容奸。君子不计恶。小人不虑果。罪隐不发。罪昭必惩矣。

【译文】

奸邪的人不会绝迹，只有小心地驾驭他们，才能减少危害。奸邪的人会不停地搞破坏，只有驾驭他们，才能制止他们的行为。需要用利益来驱使奸邪的人，用智慧防范奸邪的人，用武力铲除奸邪之人，以隐忍来容纳奸邪的人。君子不会主动去做恶事，但是小人做事从不考虑后果。当奸邪之人的罪恶还没暴露的时候，不要对他们下手。当罪恶显露出来时，必须毫不留情地对之进行惩罚。

【事典】

许敬宗的稳固之策

许敬宗本是隋朝官员，但是后来隋朝灭亡，他被李密所俘。李密知其文采出众，便让其与魏徵一起掌管文书。

李密兵败后，许敬宗归顺唐朝，秦王李世民听说了他的名声，便召为秦府学士。然而李世民手下贤士众多，许敬宗虽然学识渊博，但是政治和军事才能都不出众，于是在李世民麾下一直无法凸显自己。

好在其较早跟随李世民，并且一直忠心追随，亦受到李世民的加封。李世民登基为帝后，授其为著作郎，兼修国史。

许敬宗在修国史期间，记事曲从迎合、曲直不正。当初，虞世基与许敬宗的父亲许善心一起被宇文化及杀害，封德彝当时为内史舍人，把当时的事情看得一清二楚，所以他对别人说："虞世基被诛杀，世南伏地而行请求替兄受死，善心被处死，敬宗手舞足蹈用来求生。"

人们经常因此看不起许敬宗，导致许敬宗非常怨恨这件事。所以在他为封德彝立传的时候，大肆强加他的罪恶。

许敬宗女儿嫁给了左监门大将军钱九陇，此人本来是皇家的奴隶，而许敬宗贪图其财物才与之联姻。于是许敬宗曲意陈述钱九陇的门阀，给他妄加功绩。

许敬宗为儿子娶尉迟宝琳的孙女为妻，得到了很多贿赂。在许敬宗给尉迟宝琳的父亲尉迟敬德立传时，隐去了他的各种过失罪过。唐太宗曾经为长孙无忌做《威凤赋》并赏赐于他，然而许敬宗竟然将其改成赐给了尉迟敬德。

庞孝泰是少数民族部落首领中的平庸之辈，他率兵跟随出征高丽，后来因为庞孝泰的懦弱无能，导致战败。许敬宗因为接受了他很多珍贵物品，立传时说他屡次打败贼众，斩杀俘获敌贼数万人。

类似事件数不胜数。并且许敬宗还会根据自己的爱恨随意增减内容，导致国史严重与事实存在偏差。然而，这些内容直至他去世以后才被人揭发，致使唐朝重修国史，将所有不实内容尽数修改。

后来，许敬宗被指派参与《武德实录》和《贞观实录》的撰写工作。这时，李世民提出想要亲自查看他所写的史书。按照之前的传统，为了确保历史的准确性，皇帝在世时不能查看史官们所写的东西，但许敬宗为了讨好李世民，竟然同意了李世民的要求。许敬宗的这一行为让群臣对其大加指责，这使李世民感到非常对不起他，于是将其一路高升，以弥补自己之前的过失对其造成的影响。

两年后，李世民亲征高句丽，让太子李治留在长安监国，许敬宗则与高士廉等一起执掌机密的要政。当太宗在驻跸山下摧毁了辽贼之后，许敬宗站在太宗马前接受圣旨起草诏书，诏书中辞藻华丽，尽是对李世民的赞美之词，这深受太宗的赞赏，让李世民对其深感满意，并加封他为银青光禄大夫。

这一次，许敬宗深深地感觉到溜须拍马带来的好处，于是他开始彻底改变自己，在阿谀奉承的路上越走越远。

不多久，李世民去世，李治即位。李治的皇后王氏因行事不端，与官员勾结，使得李治大为不满。

当时，李治因为宠爱武则天，故有废除王皇后，让武则天取而代之的想法，然而却遭到长孙无忌、褚遂良等大臣的坚决反对。

慢慢地，这场皇后之争已经超出了后宫的范畴，演变为李治与老臣集团之间的较量。如果李治不能废后，就意味着大权将被老臣集团牢牢掌控，这是李治无法接受的。

许敬宗为了迎合皇上李治，多次劝长孙无忌促成此事，然而却受到了长孙无忌的严厉斥责。

对许敬宗来说，支持老旧朝臣对于他没有任何好处，并且在他看来，武则天为后早晚会成定局。所以他以自己敏锐的眼光察觉到局势的变化，并毫不犹豫地加入李治和武则天的联盟。

在朝廷之上，许敬宗也总是站出来与长孙无忌争辩，后来许多官员也慢慢加入许敬宗一派，这让武则天对其极为感激，遂引为心腹。

然而，在废后立后的问题上，因为朝中大臣总是无法达成一致意见，久拖未决。

许敬宗则对武则天说："田舍翁多收十斛麦，就想换老婆，何况天子欲立皇后，这本来就与别人没有关系，何必要妄加议论呢？"

武则天就让身边的人将这些话告诉高宗。这些话让李治下定决心废掉王皇后，立武则天为皇后。

当上皇后的武则天，为了获取更多的权力，需要建立自己的党派。于是，一个以武则天为核心的皇后党在朝堂上形成，许敬宗毫不犹豫地加入了这个党派，成为武则天在朝堂上的助手。

接着武则天开始报复那些曾反对她为皇后的人。许敬宗作为武则天的心腹，当然知道武则天想要的结果，于是他与中书侍郎李义府诬告长孙无忌、褚遂良、韩瑗图谋不轨，因此这些人被流放至岭外，不久，许敬宗又派心腹逼迫他们自尽。

公元656年，许敬宗担任太子宾客；八月，许敬宗因主张立武后有功，迁侍中，并监修国史；次年，晋封高阳郡公，授中书令。

其实，许敬宗自己明白，他不过是武则天手下的一个傀儡。但是这不妨碍他忠心为武则天效力，因为他追求的只是权力和财富，而不是真正的地位。

后来，许敬宗因年老体衰，上表请求辞官退休，皇帝允许，但依旧让其担任特进，俸禄照旧。两年后，许敬宗去世。

许敬宗在历史上一直以奸佞小人的形象存在，但是在李世民去世后，在朝中平庸无奇的他必须找一个强大的靠山，才能站稳脚跟；而对于武则天来说，要想稳固自己的地位，必须有像许敬宗这样的人为其所用。所以二人不过是互相依附又互相利用而已。

【释评】

奸邪的人更加注重自己的私利，所以他们为了私利经常不停地搞破坏。如果他们脱离管理者的领导，会更加肆无忌惮，这就让管理者非常被动。聪明的管理者要让奸邪的人听从自己的指挥，以达到互存共生的目的。

【事典】

“借刀杀人”的朱棣

朱棣是明朝的第三个皇帝，本来皇位与他毫不相干，然而他却通过武力将侄子建文帝的江山夺到自己手中。

建文帝在位时，知道在北平的燕王朱棣对皇位虎视眈眈，于是任命身边的大臣陈瑛为北平按察司佥事，监督朱棣的一举一动。

然而建文帝却看错了人，陈瑛不过是一个见钱眼开的小人，他根本不想诚心为建文帝办事。

当朱棣将一堆金银财宝放到陈瑛面前时，他立马倒戈，转头开始为朱棣办事。当建文帝得知此事后，怒火中烧，立刻将陈瑛贬到广西，远离了朱棣。

后来朱棣夺得天下，登上皇位，很快就把陈瑛从广西召回，任命他为都察院左副都御使，主要负责监察并弹劾文武百官。朝中大臣无论是言行有失、行为有误，他都可以直接报告给皇帝。

对于陈瑛的品质，朱棣一清二楚，此人生性残暴，冷酷无情，而朱棣此时偏偏需要这样的小人。朱棣的皇位是靠篡位得来的，名不正言不顺，很多大臣是不得已才屈服于朱棣的威慑之下。所以朱棣想培养一些心腹，这些心腹不但要对自己忠心耿耿，还得心狠手辣，这样就可以对那些有异心的大臣起到震慑作用。所以陈瑛就成为朱棣的不二人选。

陈瑛当然也不是傻子，他非常明白皇上想要的是什么。

于是，陈瑛刚刚上任，就进言说：“陛下应该顺应天命，合乎人心，做万姓之表率，如果有不顺天意、效忠于建文帝的人，应该按叛逆罪论，进行诛杀。”

朱棣说道：“我曾经举兵诛杀的那些奸臣，不过只是黄子澄和齐泰他们罢了；如今你说的那些人和他们不一样，既然他们食着建文帝的俸禄就要忠心于他，这件事以后不要再提了。”

虽然朱棣已经表态，可是陈瑛还是没有放过他们。陈瑛阅读方孝孺的罪案资料后，把黄观等人也抄家问罪，连远亲、外亲也被株连。黄观的妻女被溺死，黄观听说自己妻女已去后，也投江自杀。

在审理胡闰案时，胡闰家族中数百家均被查抄，行刑之时，喊冤声响彻天地。两列御史也忍不住掩面而哭，陈瑛也脸色惨变，说道：“不对这些人处以极刑，我们都察院便无法立名。”于是，将其全部处死，致使建文帝的忠臣连个后代都没有留下。

在清除建文帝余党后，朱棣不但没有惩罚陈瑛，反而将他升为左都御史，这足以证明皇帝对陈瑛“功绩”的认可。

盛庸是建文帝时期的将军，曾在东昌大败朱棣，虽已归顺朱棣，但仍未逃过此劫，陈瑛以“诽谤皇上罪”弹劾盛庸，盛庸知道难逃一劫，被迫自杀。

后来，陈瑛又弹劾曹国公李景隆图谋不轨、妄想起兵；还弹劾李景隆的弟弟李增枝隐瞒事实、知情不报等，将哥俩一同收监。

第二年，陈瑛还弹劾耿炳文，说耿炳文的衣服、器皿上有龙凤的图饰，并用红鞓做玉带，逾越制度，最终导致这位效忠于三代皇帝的老臣畏罪自杀。他死后，他的三个儿子也因受牵连被杀。

驸马都尉梅殷曾和朱棣有过冲突，同样被陈瑛弹劾，说他预谋谋反，不久，梅殷就无故落水而死。

其实这些人都是朱棣心里的“疙瘩”，他早想除之而后快，但是却没有正当的理由。陈瑛借机将他们处理掉，不得不说他为朱棣去除了“心腹大患”。

陈瑛仗着朱棣的宠爱，胆子越来越大，甚至将手中的权力变成公报私仇的工具，搞得朝中大臣都对他心生忌惮，就怕被他发现端倪而葬送生命。但朱棣也不是不辨是非的人，并不是所有的弹劾都会接纳。

有一次，嘉兴知县李鉴在上朝时主动认罪，朱棣问起原因，陈瑛说：“李鉴查抄奸党姚瑄时，姚瑄的弟弟姚亨应当连坐，而李鉴却放过姚亨，应该治罪。”

李鉴说：“都察院所下的公文中只说要查抄姚瑄，并没有姚亨之名。”

朱棣说：“院文中不列有名字而不抄，不失为慎重。”

于是，李鉴得以免罪。

户部人才高文雅上书论时政，提到了建文帝之事，用词坦率耿直。陈瑛弹劾高文雅狂妄，请绳之以法。朱棣说：“草野之人懂得什么忌讳，他的建议有可采之处，怎么能因为他说得太直而废弃呢？陈瑛太刻薄了，不是助朕为善的人。”然后把高文雅交给吏部，给他授予合适的官职。

还有一次，海运粮食落入海中，陈瑛请皇上治官军的罪，并让他们赔偿粮食，然而，朱棣却说：“海涛险恶，官军免于溺死，已很幸运了。”并没有对他们进行责问。

陈瑛心肠狠毒、待人苛刻，太子对他很是反感，他曾对陈瑛说：“卿用心刻薄，不明政体，很不符大臣之道。”

但那时陈瑛正是朱棣跟前的红人，太子也拿他没有办法。

直到建文帝旧臣被清理一空，天下大定，陈瑛也不再有任何利用价值，朱棣才对他逐渐疏远。后来，弹劾陈瑛的折子开始多了起来，陈瑛最终被关进监狱，死在狱中。不得不说，朱棣为了稳固皇权，这步“借刀杀人”的棋下得真是高明。

【释评】

奸邪的人贪图高官厚禄，所以经常受到利益的诱惑。在适当的时候给予他们足够的利益，就可以为己所用。他们虽然不讲情面，但是办事果断，不拖泥带水，这也并非坏事，在遇到某些棘手的问题时，领导者不妨让他们抛头露面，帮自己做事。

【事典】

巧用妙计的王璋

明成祖朱棣靠着武力将自己的侄子推下皇位，自己成为皇帝，他在位期间最怕别人效仿他的行为，来一个江山易主。

为了保障江山的稳固，朱棣采取了一些恩威并施的手段，只要藩王们不明目张胆地造反，朱棣就不会强势镇压，而是采取“削其护卫”或者“罢其官属”的手段减弱他们的势力，但不会动摇其藩王的身份，并且仍然给他们最大的优待，使其继续享受荣华富贵，就这样朱棣让藩王主动将手中的兵权归于自己手中。

后来，有人向朱棣告发周王有谋反意向，朱棣听后打了一个冷战：周王怎么也会如此不安分？于是，朱棣准备对其进行讨伐。

周王是朱棣的亲弟弟，曾不遗余力地帮助朱棣夺得皇位，后回封地开封。朱棣本以为他可以安分守己地做他的王爷，谁知他竟然也包藏祸心。

可是，若真的对其讨伐，朱棣实属有些于心不忍，于是他找来右都御史王璋，说明了自己的想法。

王璋说：“现在这些传闻只是悖言乱辞，陛下手里并没有任何证据，现在讨伐他没有理由啊！”

朱棣心急如焚地说：“出兵贵在神速，如果真的等对方造反，岂不是晚了？”

王璋拱手说道：“皇上别急，以微臣的愚见，可以不用出兵，如果皇上信得过我，那就请让微臣负责处理这件事好了。”

朱棣不知王璋有何妙计，但听起来好像他有十足的把握，就问：“那你需要多少兵马？”

王璋笑着摆摆手说：“我又不是去征讨，根本不用太多人，只要三四个御史跟随我去就够了。但是需要皇上降下御旨，让我去做该地的巡抚。”

朱棣立马答应，命人起草了一份圣旨，王璋带着圣旨就出发了。

等王璋一行人出现在周王府的时候，周王吓了一跳，不知道怎么回事，就悄悄地问王璋："王大人，这是出什么事了吗？"

王璋不紧不慢地说："也没有什么大事，就是有人告您谋反，所以我来府上看看。"

周王一听吓得直接跪到了地上，颤抖地说道："王大人，这是子虚乌有的事啊。一定是有人故意诬陷我，还望您通报皇上，让其明查。我自始至终一直对皇上忠心耿耿，绝无二心！"

王璋点点头说："皇上本来要派十万兵马前来讨伐你，但是我认为王爷并没有谋反的迹象，所以特地来告知王爷。"

周王一时不知如何是好，着急地问道："那我现在该怎么办才好？"

王璋走近一步，悄悄对周王说："王爷现在应该有所行动，以打消皇帝的疑虑。"

周王拱手道："请大人明示。"

王璋手捻胡须，叹了一口气说："王爷怎么会不知道'卧榻之侧岂容他人鼾睡'的道理呢？如果你三日之内将护卫军调往京师，交由中央管辖，那之前的谣言不就不攻自破了吗？这样就可以保你一家人平安无事了。"

周王如梦方醒，马上着手安排护卫军的调离事宜。

王璋离开王府，立刻写信给皇上报告此事。朱棣一看，大喜过望，心想：王璋果真足智多谋，如今不费一兵一卒就解除了周王的兵权。

第二天，王璋再次来到周王府，拿出之前皇上下的圣旨，读道："护卫军三日不听调遣者，立斩。"

三日之后，周王府的所有护卫军均调往京城，无一违反命令者。

后来，周王被削去王位，贬为庶民。

其实，当有人举报周王谋反时，证明周王已经初露端倪，只是还未行动。如果此时皇上派兵讨伐，必定会劳民伤财，损失巨大。而王璋用一个妙计就让周王

自愿交出兵权，防止了战争的发生。这样既解决了君臣之间的猜忌，又避免了大动干戈，可谓一举两得。

【释评】

奸邪的人往往醉心于权力，他们不满足于现状，总想不惜一切代价获得更大的权力。奸邪的人都善于伪装，言行不一，这就需要领导者有足够的智慧，对其时时防范，在其初露端倪之时就及时制止他们的行为。

【事典】

自作自受的鱼朝恩

唐玄宗末年，安史之乱爆发，安禄山在洛阳称帝，遂起兵讨伐唐玄宗。唐玄宗不得不带领皇亲国戚和一干亲信南下逃命，太子李亨及其身边宦官鱼朝恩也在其内。

在南下途中，唐玄宗被一群百姓拦下，他们说："长安的宫阙，是陛下的住所；历代的陵寝，是陛下的祖坟。今天你却舍弃了它们，又能往哪里去呢？"

唐玄宗无法跟百姓们解释，于是留下李亨应对，自己则带人溜走。

百姓见玄宗远去，只能对李亨说："既然皇上不肯留下，我等愿意追随太子，讨伐叛贼，收复长安。否则，朝中无主，谁替我们百姓做主啊？"

李亨也陷入两难的境地，自己仅仅是一个太子，岂能决定朝中大事？他一时也不知该如何安抚这些百姓。

此时大臣李辅国说道："如今胡人进犯宫阙，导致国家动荡，人心无依。如果太子跟随皇上进入四川，岂不是把中原拱手让人了吗？为今之计，只有召回西北的守边之军，召回河北的郭子仪、李光弼，联合东征，讨伐叛贼，待四海平定，再接回圣上。"

李亨认为李辅国所说不无道理，于是派人追上玄宗，传达了留京抵御反贼之意。玄宗明白太子即位已是民心所向，不得不口头将皇位传于李亨。

李亨听到消息，面朝南号啕大哭，表示不愿接受皇帝之位，然而这一切不过是演戏而已，很快李亨就正式登基，即唐肃宗。宦官鱼朝恩也名正言顺地成为皇帝身边的亲信，他善于察言观色、阿谀奉承，又陪在李亨身边多年，所以深受李亨的倚重。

李亨登基后不久，便派李豫、郭子仪等人带领大军向东讨伐叛军安庆绪。

然而，李亨却对手握重兵的武将并不放心，于是派不懂兵法的鱼朝恩作为监军，负责监领九个节度使的数十万大军。

唐军将安庆绪围困于相州，无法突围，史思明则驻扎在魏州，等待时机救援。唐军大将李光弼请求出击史思明，却遭到鱼朝恩的反对。鱼朝恩自作主张，强攻相州，结果久攻不下。再加上天气多日狂风大作，空中飞沙走石，不利于出战，军队士气衰落，军心溃散，士兵开始临阵逃脱。而鱼朝恩因为根本不懂如何用兵，无法做到统一指挥，导致相州之战以失败告终。鱼朝恩怕皇上问罪，遂将兵败的责任推到了郭子仪身上，唐肃宗不明就里，直接罢免了郭子仪的兵权。

后来，唐肃宗病逝，其子李豫即位，即唐代宗。唐军经过重新整顿，终于攻下洛阳，将叛军诛杀。

然而，经过多年的战争，朝廷元气大伤，吐蕃却趁火打劫，直逼京师，唐代宗出逃陕州。正好鱼朝恩率陕州军及神策军奉迎，唐代宗才得以安全。为了感谢鱼朝恩的护驾之功，皇上给他加官晋爵，并将其视为恩人。鱼朝恩本就心术不正，此时仰仗着皇上的宠爱，更是小人得志，飞扬跋扈。

在郭子仪将吐蕃军平定以后，唐代宗回到京城，鱼朝恩开始干预政事，威慑百官，贪污受贿。因为其有兵权在手，还私设牢狱，滥杀无辜，当时朝中大臣都不敢与之对抗，甚至都不敢与之对视。大臣们在商量国家政事时，不先和他讲，他便会怒吼："天下的事，怎么不听我的？"

久而久之，唐代宗对他的好感一点点消失，甚至开始对其有所厌恶。

鱼朝恩的小儿子鱼令徽在内殿当差，职位低微，皇上因为鱼朝恩的关系特赐其五品以下官员穿着的绿衣。有一次，鱼令徽在宫内行走，不知道谁无意中碰到了他，回去之后他就把这件事告诉了父亲。鱼朝恩气得一拍桌子："竟然有人敢欺负我的儿子？"

第二天上朝，鱼朝恩便向皇上启奏说："我的小儿子鱼令徽，职位在同僚之下，所以总是被人欺负，愿陛下特赐他紫衣和金腰带，以便超过他人。"

紫衣在当时是三品以上官员所穿，而鱼令徽职位低微，远远不够，这在之前也从未有过先例。皇上一时还不知如何定夺，沉默不语，鱼朝恩却直接向皇上谢恩，然后命令管此事的人捧来紫衣和金带。

皇上心里无比痛恨，但还是强颜欢笑地说："这紫衣和金腰带，的确非常适合你儿子。"

此时皇上已经对鱼朝恩有了杀意，但是因他手中握有兵权，不能轻举妄动，所以皇上也只能暂时忍下这口气。

后来，皇上找到宰相元载商量对策，元载帮皇上制订了一个天衣无缝的计划。

元载先花重金买通了鱼朝恩身边的亲信皇甫温和周皓，让他们观察鱼朝恩的一举一动。皇甫温和周皓虽在鱼朝恩手下当值，但并非不明事理，他们知道皇上才是真正的主子。这天，正是寒食节，皇上宴请鱼朝恩进宫赴宴，鱼朝恩从未怀疑，像往常一样进入皇宫。等宴会结束后，皇上又邀请他一同商量国事，随后皇上开始指责他图谋不轨，试图谋反，此时，周皓等人立即将鱼朝恩擒住，并将其诛杀。

【释评】

当奸邪的人势力过大时，就会对国家造成巨大的威胁，还有可能导致他们谋权篡位的事情发生。在自己的实力无法和奸邪的人相抗衡的时候，一定不能贸然行事，要先采用容忍的策略，静等时机，一旦时机成熟要果断对其进行铲除，不留后患。

【事典】

高允的为官之道

高允是北魏名臣，他在朝为官几十年，一直保持清正廉洁之风，本本分分做事，成为朝中大臣的典范。

北魏法律开始时很严苛，朝中很多大臣因为触犯法律被责罚过，但高允却始终没有受到过谴责与棒笞的处罚。

太武帝时期，辽东公翟黑子因受皇上宠信，出使并州，接受了一千匹绢帛的贿赂。不久之后，有人将此事告诉皇上。翟黑子惶恐不安，生怕被皇上问罪，于是向高允请教，说："如果陛下问起此事，我该如何回答？是说实话还是假话？"

高允为其指点道："您是皇上的宠臣，据实回答即可，这样反倒表明了你的忠心，不会有什么事的。"

然而，中书侍郎崔览、公孙质等人却在一旁对翟黑子说："此事万万不可如实上报，如果被皇上知道将罪不可恕。"

翟黑子认为他们说得在理，便打算隐瞒实情，并对高允指责道："你这是想害死我啊！这种事怎么能让皇上知道呢？"

于是，翟黑子面见太武帝时说了假话，后来，太武帝得知事情真相，大怒，下令将翟黑子诛杀。

有一次，太武帝召高允一起讨论国家的法律，高允的言论很受太武帝的赏识。太武帝便问高允："政事千头万绪，那排在第一位的是什么？"

当时，朝廷禁封了很多良田，导致京城中游民很多，于是高允就此说道："微臣年少时地位低下，生活贫困，所了解的只有田耕之事，那微臣就来说一说农事吧。古人说：一里方圆的范围可以开辟良田三顷七十亩，百里方圆则有田三万七千顷。如果农民勤于耕种，每亩地就可增产粮食三斗，如果不勤快就会损失三斗。那么方圆百里增加或减少的数量，合计就有二百二十二万斛，何况天下如此之广呢？如若公私都有粮食储备，即使遇上荒年，那又有什么可忧虑的呢？”

太武帝对他的说法非常赞成，于是废除了田禁，把田地全部交给老百姓。

后来，文成帝继位，对高允更加敬重。当时，给事中郭善明为了讨好皇帝，劝文成帝建造宫殿。高允衷心劝谏道：“我听说道武帝在平定天下后才开始兴修都邑。即使他有所修造，也只是在农闲之季动工，不会耽误百姓农忙之事。现在建国已经很久了，宫室也非常完备。永安前殿完全可以用来接受万国的朝贺，西堂的温室也可以用来让圣上休息，紫楼台高可以用来观望远近。即使需要再修建更华丽的宫殿，也应当慢慢准备，不可急于求成。估计砍材运土以及各种杂役就得需要两万多人，就算让成年人做工，老少来供饭，也得需要四万人花费半年的时间。古人言，一夫不耕就有人会挨饿，一妇不织就有人会受冻，何况是数万人无法从事耕织生产呢？其中的耗费花销，实在太多了。希望皇上三思。”

最后，文成帝接纳了高允的意见。

当时，文成帝想对国家的婚丧嫁娶制度进行改变，高允上表劝谏，言辞非常激烈，文成帝却没有生气。遇到不想听的话他就命人将高允扶出去。有些事皇上不便在朝堂之中明讲，就让高允私下来见。所以每次高允前来，皇上都会屏退左右。有时他俩一聊就是一整天，甚至几日都在讨论。宫中大臣见了，觉得高允的行为有失体统，并因此上奏皇上，皇上却对群臣说：“高允的做法没什么不对，像高允这样的人，才是忠臣。”

高允虽然是皇上身边宠臣，但是官职却并不高。起初同高允一同受到征召的人大多已经官至侯爵，即使高允部下的官吏也有一百多人官至刺史，但高允却在郎中的位子上做了二十七年没有变动过。北魏时期，朝廷有一些奇葩的规定，百官没有俸禄，所以他们只能自己想办法挣钱养活自己。而高允因为官清廉，没有半点收受贿赂之举，所以家中生活十分贫困，他经常让自己的几个儿子砍柴采果供养自己。

朝中大臣陆丽见状，便向皇上上书说："高允虽然蒙受恩宠，但家里贫穷得像普通百姓，妻儿都无以为生。"

文成帝一听，惊愕不已，随后对上书的大臣斥责道："你怎么不早说，现在见朕对其器重，才将他的贫困之状告诉朕！"

然后，文成帝亲自去往高允家里察看，眼前的一幕让他不敢相信：高允家中只有几间草屋，家人盖的是布被，穿的是麻袍，厨房中只有一点盐菜。

文成帝心生怜悯，又有些自责地对高允说："古人有这么清贫的吗？您为官多年，想不到家中会是这个样子。是朕没有了解到实情，实在愧疚啊！"于是下令赐给高允绵帛五百匹、粮食千斛，并拜高允长子高忱为绥远将军、长乐太守。高允坚决不受，但是文成帝却不答应。

献文帝在位期间，有一次生了重病，他怕自己不久于世，可是太子还年幼，于是就想更换太子。他和众臣商议，高允得知此事后跪在皇上面前，哭着说："我不敢多说，怕有劳皇上圣听。希望陛下上思宗庙托付的重要，远追周公辅佐成王的旧事。"

于是，献文帝打消了更换太子的念头，并赐给高允千匹锦帛，以表彰高允的忠直亮达。

后来，太子即位，即孝文帝。孝文帝依旧对高允敬重有加。然而高允虽受皇上恩宠，却不恃宠而骄，依然待人温和善良。

孝文帝在位期间，有一次在西郊处理事务，他看西郊风景秀丽，便想邀请高允一同观赏，于是下诏用自己所乘的马车去接高允。然而途中马因为受到惊吓开始狂奔，车翻人伤，导致高允的眼眉有三处受伤。孝文帝与冯太后赶紧派御医给其护理治疗，并亲自探望。皇上本来要对驾车者重罚，但是高允一再说自己并未受什么大伤，乞求赦免驾车人的罪过。

后来，高允因年事已高，想告老还乡，皇上不许，但是给予其很多特权，比如进殿可以乘车，朝贺不用下拜，进出还命人搀扶。有一次，天降大雪，皇上命中黄门苏兴寿负责搀扶高允，路上遇到一条野狗突然冲出，高允吓了一跳，不小心摔倒在地。搀扶他的人非常害怕，怕受到皇帝怪罪。但是高允却无半点愠色，还安慰他们说：“没事的，这件事不要让上边（皇上）知道就行了。”

高允淡泊名利，却一生不忘吸取知识，他九十多岁时，依旧喜爱阅读，专心批阅史书。皇上知道高允喜好音乐，就下令说：“高允年龄太大，已到危境之年，但他家里贫困，养给供应很微薄，可以让乐部派一个乐队，每五天到高允那里去演奏，使高允心情愉快。”

每次有歌唱人来为他歌舞演唱，他常常和着节拍而称赞。

不久，高允去世，享年九十八岁。

高允历经五帝，在职五十多年，他一直秉承着“老实做人，老实做事”的原则，兢兢业业，为国效忠，其高风亮节实在值得后人敬佩。

【释评】

历史上能够被称为君子的人屈指可数，他们一直是我们行事的楷模。君子处世，像天一样，刚毅坚卓，发愤图强，永不停歇；君子为人则如大地一般，厚实和顺，仁义道德，容载万物。他们对自己的言行要求非常严苛，不容有任何疏忽失误，更不会主动去做恶事。

【事典】

自食其果的伯嚭

伯嚭原是楚国人，他的父亲在楚国为官，因为人耿直，贤明有能，深受百姓爱戴，却受到楚国大臣费无忌的记恨。费无忌在楚王面前屡进谗言，为其安插罪名，导致伯嚭一家被满门抄斩。伯嚭死里逃生，跑到吴国避难。

在吴国，伯嚭听说有一个与其经历相似的楚国人被吴王重用，此人便是伍子胥。伍子胥的父亲原是楚国太子太傅，后来被费无忌诬陷和太子策划谋反，被楚平王问罪关押。本来楚王想召伍子胥及其哥哥一起进宫同时杀掉，但是伍子胥偷偷溜走，最后他的哥哥和父亲被楚王处死。

伍子胥逃到了吴国，定居下来，后来吴王阖闾继位，伍子胥受到了重用。

一日，伍子胥的府门前来了一个人，他自报家门，说是伍子胥的朋友。伍子胥将其招进家中，此人正是伯嚭，他一见伍子胥，顿时涕泪横流，将自己的悲惨遭遇一一诉说。

伍子胥听后，心里很不是滋味，虽然伯嚭与自己并无私交，但是两个人同病相怜，他就生了怜悯之心，将伯嚭收留在家中。后来，他得知伯嚭也颇有才能，便将其举荐给吴王阖闾。吴王将伯嚭招进宫中，设宴款待，宴会上，吴王询问伯嚭：“吴国地处偏远，东临大海。我听说你父亲遭费无忌谗害，被楚相暴怒攻杀。而今你却没有因为吴国太远，而投奔来此，将有什么可以教导寡人的呢？”

伯嚭一听，受宠若惊，感动地说：“我不过是楚之一介亡虏。先人无罪，横被暴诛。听说大王您收留了穷厄亡命的伍子胥，所以不远千里，归命大王。大王您有什么需要我效力的，万死不辞！”

然而，在场陪宴的大夫被离却对伯嚭不太放心，他问伍子胥：“您以为伯嚭可以信任吗？”

伍子胥十分肯定地说："我与伯嚭有相同的仇恨。我们俩就好比受惊的鸟儿，追逐着聚集到一块，这有什么可奇怪的呢？……胡马望北风而立，越燕向南日而熙，谁能不爱其所近，而不悲其所思呢？"

被离则摇摇头，提醒伍子胥道："您只看到了他的外表，却不了解他的内心。我看伯嚭这人，目光像鹰一样敏锐，而走路却像老虎，他本性贪婪，专功而擅杀。如果重用他，恐怕您日后定会受到牵累。"

伍子胥不以为然，认为被离多虑了。

后来，阖闾收留了伯嚭，任伯嚭为大夫，让他与伍子胥一起处理政务。此时的伯嚭心里只有仇恨，他只想着借助吴国的力量为家人报仇。所以他对伍子胥恭敬相从，二人一同为吴王出谋划策，忠心耿耿。

公元前506年，吴王应伍子胥、伯嚭的请求，准备伐楚，他任用孙武为大将，伍子胥、伯嚭为副将，出兵楚国。吴军士气高昂，接连得利，一直攻占了楚国的都城，楚昭王仓皇而逃。此战之后，楚国失去大片土地，陷入困境，而吴国却因此威震中原。

楚臣申包胥逃往秦国，在秦宫大哭七天，请求秦国支援。秦哀公大受感动，便派兵车五百乘，攻击吴国。孙武、伍子胥看秦楚联合，势力强大，于是劝吴王先行退兵，然后与秦和好。但是伯嚭却贪功好胜，请求出战，他对吴王说："我军自离开吴国，一路势如破竹，锐不可当。如今一遇秦兵，就班师回朝，未免太胆怯了。臣愿甘当军令，领兵一万，定能杀得秦兵片甲不回。"

吴王见其勇气可嘉，便同意他带兵出战。结果伯嚭令军队直入敌军阵营中，却被敌军截为三段，混乱不堪。最终伍子胥派兵来救，才得以解脱。

孙武憎恨伯嚭一意孤行，便对伍子胥说："伯嚭为人，矜功自伐，以后必为吴国祸患，不如乘此兵败，以军令斩之。"

伍子胥并没有听从孙武的话，他说："伯嚭也是想为国效力，不过是贪功心切，判断失误，罪不致死。"

于是，他向吴王请求饶恕伯嚭，吴王也不再追究其罪。

后来，吴王阖闾在与越国战争中去世，其子夫差继立为王，任命伯嚭为太宰。为了报杀父之仇，夫差大力整饬军旅，积极备战，时机成熟，就调遣了全国的军队，以伍子胥为大将，伯嚭为副将，攻打越国。最终勾践无法抵挡吴国大军，打算向吴国求和。伍子胥却坚决反对，说道："大王！这次打败越军，乃是上天要把越国的土地赐予我吴国啊！千万不可答应讲和！"

一语点醒梦中人，夫差拒绝讲和。

越国大臣文种诡计多端，他对越王说："吴国的太宰伯嚭，贪财好色，忌功嫉能，并与伍子胥不和。我们可以通过贿赂他，来达成目的。"

越王立刻挑选出八名美女、白璧二十和黄金千镒，让文种去拜见伯嚭。伯嚭得知文种的来意，再见到这些重金美女，立马心花怒放，早忘了吴王对他的恩情。

第二天，文种前来拜见吴王夫差，恳请夫差赦免勾践的罪过，伍子胥再次提醒吴王不可议和。

然而，伯嚭却说道："我听说古代讨伐敌国的，也不过迫使敌国臣服而已。现在越国已经臣服，我们还有什么可苛求的呢？"

正是这句话，让夫差瞬间转变了想法，他当即答应越王求和，把围困会稽的大军撤离而去。

伍子胥因夫差不听其言而愤愤不平，他深谋远虑，早已洞察了此次放过越王勾践的危害。他对朝中大臣说："越王得此缓解之机，十年生聚，十年教训，必能卷土重来。二十年之后，我大吴之国，恐怕要化为一片荒沼了！"

文种回到越国后，勾践毅然带着一些亲信去吴国做人质。勾践的到来让伯嚭每天都提心吊胆，他怕万一吴王不高兴而杀掉勾践，到时勾践把他通敌卖国的事情散布出来，于是他提醒夫差道："大王！伍子胥虽然明于一时之计，却不会做长久打算。越王既然已经臣服，您就应该好好待他。大王千万不可听无知之言啊！"

夫差觉得伯嚭说得有理，于是就让勾践为其驾车养马。即便如此，伯嚭仍然不放心，毕竟勾践在吴国一日，他就会担心一日。于是三年后，伯嚭劝说夫差将勾践放回越国。勾践为了表达对伯嚭的“劝说之恩”，又为其奉上更多礼金。伯嚭在背离的道路上越走越远，此时的他早已不顾国家的安危，心里只有个人利益和钱财。

在越国的收买下，伯嚭开始暗中为越国做事，让吴王夫差沉浸在享乐之中，不理国政。他害怕自己勾结越国、收受贿赂的事情暴露，于是说服夫差远离伍子胥，导致伍子胥愤怒而死。

后来，越国攻破吴国，伯嚭本以为越王勾践会念其对越国有功，对其进行奖赏，然而勾践却因其“不忠于君主”，将其诛杀。

【释评】

小人都是唯利是图的，他们争的只是眼前的利益，没有什么大局规划和长远眼光。他们为了得到一时的功名利禄，会不择手段，不计后果。却不知，纸永远包不住火，他们的行为一旦被泄露，不但身败名裂，还会死无葬身之地。

【事典】

阿保机的容人之量

耶律阿保机是辽国的开国皇帝，他在未称帝之前，曾是契丹族的可汗。

可汗是契丹族的最高首领，他们的任选方式与中原的皇帝大有不同，可汗需要三年选一次，主要为任贤制；中原的皇位是终身制和世袭制。但是，后来耶律阿保机受中原文化的影响，决定在契丹建立帝制，他打算像中原皇帝那样，使用终身制。

阿保机一直在可汗之位5年，都没有打算改选。这引起了氏族贵族的强烈不满，他们都对可汗之位虎视眈眈。其中最有资格和能力与阿保机进行较量的是其叔父耶律辖底。

耶律辖底是阿保机的叔叔，他曾和阿保机一起外出征战，逐渐统一了契丹各部。阿保机在当选可汗之时，也曾让贤于叔叔，但是耶律辖底却假惺惺地说："皇帝圣人，由天所命，臣岂敢当！"于是他被任命为新的于越。然而阿保机牢牢掌握着联盟的军事和行政实权，于越变得徒有虚名，这引起了辖底的不满。

耶律辖底阴险狡诈，他表面上对阿保机一副谦逊和蔼的样子，暗地里却怂恿阿保机的几个弟弟进行造反，以达到帮助自己夺位的目的。

在耶律辖底的煽风点火下，阿保机的几个弟弟剌葛、迭剌、寅底石和安端开始蠢蠢欲动，尤其大弟弟剌葛，对叔叔的话深信不疑。他常跟随阿保机南征北讨，深具军事才能，在几个弟弟中威信最高，所以他自然成为叛乱的发动者。

二弟迭剌则智略过人，才思敏捷，颇得阿保机的赏识。三弟和四弟年龄还小，根本不知道叛乱的严重性，只是受了几个哥哥的蛊惑，便勇敢参与其中。

剌葛他们在暗地里拉拢势力，秘密行动，组成了自己的武装集团。待时机成熟，他们就唆使对阿保机不满的守旧贵族向阿保机索取俘虏来的汉人奴隶和牲畜。

阿保机的妻子觉得事有蹊跷，就没有答应他们。于是他们就准备用武力攻取汗帐，抢夺象征王权的旗鼓和古老的神帐。

结果他们的行动泄露，有人向阿保机告密，让阿保机采取行动，然而阿保机却说："我任可汗以来，亲民勤政，契丹也日渐兴旺，人民生活安定，他们何必要造反呢？剌葛又是我的亲弟弟，只要他一日未反，我都要规劝他啊。为国为私，我都不想让他自取灾祸。"

于是阿保机亲自召见了弟弟剌葛，在谈论完家常后，他话题一转，说道："我们是亲兄弟，你有什么要求都可以当面提出，如果我能办到定不会拒绝。有人告发你有谋反之心，我猜定是虚言，应该有人在故意挑拨我们之间的关系。"

剌葛顿时大惊，内心十分惊慌，但很快便冷静下来，故作平静地说道："我们是亲兄弟，我怎么会有谋害哥哥之心，一定是有人从中作梗，让我们兄弟反目成仇。"

阿保机大笑道："弟弟的忠心天地可鉴！"

剌葛回去之后，不得不取消了这次行动，阿保机也不再追究，就当此事已经过去。但是此后，大家表面上看似和谐宁静，其实内在却隐藏着更大的波涛巨浪。

第二年，剌葛在耶律辖底的策动下，又发动了第二次叛乱。当时，阿保机正在外带兵打仗，征讨术不姑部。待阿保机返回途中，剌葛等四兄弟却领兵将其阻拦，并直面提出要求，让阿保机恢复部落世选制，让他们也有当选可汗的机会。

此时，阿保机手下部将对其说道："可汗，剌葛逆反动机已经非常明显，现在正好大军在手，何不趁机将其拿下？如果留其不除，以后定是祸患啊！"

阿保机依旧顾及手足之情，心有不忍，他并未听劝，而是直接带大军向南迁移。他们来到十七泺，阿保机立马让人着手准备，举行了隆重的继任可汗的烧柴祭天仪式和选举仪式柴册仪。然后他郑重宣布继续担任契丹八部联盟的可汗，重掌旗鼓和神帐。

既然阿保机再次名正言顺地继任了可汗之位，剌葛等人也再无反叛的理由。

于是，第二天他们纷纷缴械投降，表示臣服。阿保机并未对其治罪，只是进行了一番教育，便将其各自放回家中。

阿保机的一片苦心并未换来剌葛的悔悟，他一直在暗中扩大自己的势力，秘密策划着第三次反叛。这一年，阿保机出征芦水，剌葛便趁机发动政变。他三管齐下，一面派迭剌、安端率领千余骑兵，谎称向阿保机汇报工作，借机下手谋刺阿保机；一面派寅底石去劫夺阿保机的行宫，夺取天子旗鼓和神帐；一面引众至乙室部落长老堇淀处，自制旗鼓，图谋篡位。

阿保机作为一代明主，目光岂能不够睿智？他看到这些人不寻常的行动，立马明白了一切，于是布下天罗地网，埋下伏兵，等待他们自投罗网。很快，阿保机就将毫无军事斗争经验的迭剌、安端擒获。

但是由寅底石率领的另一支叛军却直接进入了阿保机的可汗营帐，其中只有阿保机的妻子述律平留守，她面对洪水般凶猛的叛军，无法抵挡，叛军放火烧毁了大批辎重、武库和庐帐，象征王权的旗鼓和神帐也落入他们手中。述律平随后紧追，但是只将旗鼓夺了回来。

阿保机气急败坏地说："都怪我当初太过仁慈，一次次放过了剌葛。我当他是兄弟，不忍治罪，然而他却不当我为亲人，一次次挑衅。他实在是难以教化，这次我终究不会再心软了。"

于是，阿保机率兵直接去追击剌葛。剌葛听说阿保机率兵前来，吓得开始向北逃窜而去。待追到土河后，阿保机却突然让大军停下来休息，不再追了。他手下的将士觉得奇怪："大王为什么不乘胜追击，好趁他们仓皇逃窜之际将其歼灭？"

阿保机却叹了一口气，感慨地说："人非草木，孰能无情，他们是我的兄弟，胡马依北风，人情怀故乡，时间长了，他们自然会回来的。"

其实，这不过是阿保机的诱敌之策，他早已在剌葛逃亡的必经之路上设下埋伏。

剌葛带领军队渡过土河，远离家乡，士兵们时间长了便开始思念家乡，个个士气低落，无心恋战。后来阿保机和伏兵对剌葛形成前后夹击之势，一举将叛军擒获。

这次叛乱一直持续了两个月，才终于决出胜负，但是损耗了大量人力财力物力，阿保机曾心痛地说："过去大军出征，辎重连绵数里，民间原有精马万匹，如今只能徒步，牲畜死亡十之八九；过去粮肉充盈，现在士卒只能煮马驹采野菜以为食。"

经过审讯，叛乱的背后指使者耶律辖底被揪出，阿保机将其与三百多名叛军一起诛杀。但是对于自己的兄弟，阿保机依然网开一面，将叛乱首领剌葛和迭剌进行廷杖，然后释放；寅底石和安端因为年幼无知，被无罪释放。

【释评】

奸邪之人总爱算计人，他们见利忘义，总是为了自己的私欲而为非作歹。当他们的罪恶还没显露出来时，不可轻举妄动，因为没有足够的把柄，反而会让他们倒打一耙。一旦罪行显露，要马上将他们绳之以法，这样才能让他们心服口服。

【事典】

谋反未成的朱高煦

朱高煦是朱棣的儿子，他生性狡黠、凶狠固执，不被祖父朱元璋所喜爱。朱元璋去世后，朱高煦和哥哥朱高炽回南京奔丧。舅舅徐辉祖见朱高煦整天懒懒散散，无所事事，便对其进行告诫。然而朱高煦不但不知悔改，还故意偷走了徐辉祖心爱的宝马，而后返回北平。途中，朱高煦还经常杀死官民，这引起众多朝臣的不满，纷纷指责燕王朱棣教子无方。

后来，朱棣起兵造反，朱高煦凭借着自己孔武有力，勇气十足，在战场上屡建奇功，得到朱棣的赏识。这导致朱高煦开始恃功而骄，为所欲为。

朱棣夺得皇位后，命朱高煦率军前往开平防守边境。后来，在选立太子的事情上，朝中大臣出现分歧，有人认为朱高煦功劳卓越，应该当选，而唯一能够与之抗衡的就是朱高炽。朱棣斟酌再三后，还是选立人品更佳的朱高炽为太子，封朱高煦为汉王，藩国云南。朱高煦大为不满，对皇上说道："我有何罪，要被赶到万里之外？"

朱棣无奈，只能让朱高煦留在京城。后来，朱高煦索取天策卫为汉王护卫，并常以李世民自比。不久，朱高煦又请求增加两名护卫，行事更加放纵。他一直对错失太子之位的事耿耿于怀，意图夺嫡，所以多次挑拨是非，陷害太子，致使解缙冤死、黄淮入狱。

朱棣见朱高煦平时多行不法之事，盛怒之下剥夺其冠服，将其囚禁在西华门内，准备将他废为庶人。然而朱高炽念及兄弟之情，为其求情。朱棣便将其赶出京城，封到了乐安州，并将其亲信全部诛杀，希望他有所反省。然而，这一行为反而让朱高煦恨意更重，总想借机谋反。朱高炽曾多次写信劝告，让其消除怨恨，朱高煦却置若罔闻。

朱棣去世后，朱高炽继位。朱高煦派遣心腹入京，伺机叛乱，朱高炽对此并无察觉，并且为了平息朱高煦被驱逐出京的怨气，还将其召回京城，给予丰厚的俸禄，以及大量金银珠宝，以对其进行安抚，命其归藩乐安。

然而，朱高炽仅仅在位一年就因病归天了，太子朱瞻基从南京赶往北京奔丧。朱高煦本打算在半路对其进行截杀，但是因为计划不够周密，并未得逞。朱瞻基登上皇位后，对朱高煦更加优待，并且经常采纳他提出的意见，这让朱高煦误以为朱瞻基不过是草包一个，并无主见，导致他更加肆无忌惮，根本不把这个皇帝侄儿放在眼里。

第二年，朱高煦在乐安联合山东都指挥靳荣起兵造反。当时，御史李浚正在家中守孝，当得知朱高煦谋反之事，他马不停蹄地由小路赶往京城，向皇上报告此事。朱瞻基顾及叔侄之情，不忍心率兵讨伐，便派宦官侯泰赐书信给朱高煦。朱高煦会见侯泰，说道："当初父亲听信谗言，削去我的护卫，把我封到乐安。朱高炽登基后只会用厚禄引诱来糊弄我，可是我怎能甘心长久居于此地？"

侯泰非常恐惧，只好回去复命，但对于朱高煦所说的大逆不道之言，并不敢据实上报。朱瞻基见安抚不成，只能派阳武侯薛禄率军进行讨伐。

张辅上奏道："请给臣两万兵马，擒拿朱高煦献给陛下。"

这时，大学士杨荣却建议皇上御驾亲征。朱瞻基也正有此意，他说："我刚刚继位不久，也许还有臣子会心怀二意，如果我不亲征，便不能安定小人的反叛。"

朱高煦起初听说是薛禄率军，认为对付他轻而易举，后来得知皇上御驾亲征，开始害怕起来。

兵临城下，朱瞻基还是不忍率军攻城，于是再次致信给朱高煦道："张敖失国，始于贯高，淮南被杀，成于伍被。如今大军压境，你只要交出怂恿你谋反之人，朕就可以原谅你的过失，待你如从前一样，否则，只要开战你必然被擒，或者你的部下把你绑了献予朕，到时你后悔莫及。"

然而，朱高煦并不领情，坚决不降。征讨大军到达乐安后，朱高煦下战书，约定第二天早晨开战。朱瞻基率大军在乐安城北驻扎，并包围四个城门，再次将劝降书射向城内，劝朱高煦投降，朱高煦仍然置之不理。

其实，城内军队并非都想跟随朱高煦造反，有些叛军见皇帝亲征，便想趁机将朱高煦抓住献给皇上。朱高煦大吃一惊，吓得赶紧派人出城给皇上送信，表示愿意投降。第二天，朱高煦打算出城，却被反贼王斌等人劝阻，他只好假意回到汉王府，暗中从小路出城投降。

群臣认为朱高煦犯下谋反之罪不可饶恕，要求皇上将之处以极刑，然而朱瞻基并未听从。朱瞻基让大臣于谦数落他的罪行，于谦义正词严，声色震厉，朱高煦吓得俯首叩头，不停地说道："臣罪该万死，愿听陛下处置。"

宣宗班师回朝后，只是将朱高煦父子贬为庶人，关押在皇城西安门内，并未判处其他罪行。逆党王斌等人被诛杀，同谋被诛者六百四十余人，因故意放纵和藏匿反贼而被处死或戍边的共一千五百余人，发配到边远地区的有七百二十人。

后来，朱瞻基前去探视朱高煦，朱高煦心仍有怨恨，故意将他绊倒。朱瞻基大怒，立刻命人将一个三百斤的铜缸将其罩住。然而朱高煦力大无穷，竟然将大缸顶起。皇上随后命人取来木炭，放置于大缸周围，随后将木炭点燃，把朱高煦活活烤死在铜缸之内。

【释评】

奸邪的人往往心怀不轨，他们只知道为自己谋取利益，从不为他人着想。奸邪的人在无力作恶时，只能隐藏自己的行为，当时机成熟才会铤而走险。当他们没有暴露恶行之前，我们可以选择隐忍，一旦罪行显露，必须对其进行惩罚，尽量将其恶行扼杀在萌芽之中。

六、智者谋略，运筹帷幄

【原文】

智不服愚也。智不拒诚也。智者驭智，不以智取。尊者驭智，不以势迫。强者驭智，不以力较。智不及则纳谏。事不兴则恃智。不忌其失。惟记其功。智不负德者焉。

【译文】

智者不会听从于愚昧的人，但也不会拒绝诚意。智者与智者相处，不会以手段取胜。有权势的人与智者相处，不会用权势来压迫他。强者和智者相处，不会用武力强迫其屈服。当智慧不足时可以多听取智者的谏言。当事业不够兴旺时可以依靠智者的帮助。不要总记挂他人的失误，要记着他人的功劳。他人会永远相信及帮助你。

【事典】

以仁为政的宋英宗

仁宗在位期间，没有子嗣，后来宋仁宗想在宗室子弟中挑选皇位继承人，有人就推荐了赵曙，仁宗问道：“赵曙有什么特殊的才能吗？”

推荐他的大臣摇摇头说：“没有。”

仁宗略有些生气：“那怎么能称职呢？你的推荐太轻率了。”

这位大臣却平静地说：“君主当以仁德为重，这样才能感召天下，治民化民。倘若君主自恃才高，百姓则会不服，天下不安啊。”

仁宗微微点头，问道：“这么说赵曙必定是仁德之人了，那他有什么大德，你可说出一二，朕自有判断。”

大臣说：“赵曙性情诚实，对人怀有赤诚之心。他虽为王子，却敦厚善良。有一次，一个人借了他一条金带，却还了他一条铜带，主事官吏想惩罚那人，却被赵曙阻止了，他说：‘这确实是我的带子。’这看似是一件小事，但是透露出赵曙待人宽容的美德。而这一品质正是许多人所缺乏的。”

仁宗细细品味，肯定道：“天下得失，皆因天子仁与不仁而起，仁德之君不滥用权力，不滥施惩罚。这的确是保有天下的法宝啊。”

于是仁宗任命赵曙为太子，做自己的继承人。诏书送到赵曙手中，他不但不高兴，还惶恐不安地对自己的老师周孟阳说：“我无德无能，难堪大任，请师傅代我推辞了吧。”

周孟阳却说道：“王子别急，您仁德忠孝，正是国家需要的治世之才。王子若不奉诏，定会让皇上和百姓失望，臣绝不干这种大违人心的事。”

赵曙只好亲自上书推辞，可是奏书上了十多次，仁宗也没有准许，仁宗说：“皇子之位，哪有人会像赵曙这样多次谦让的呢？仅凭此事，他的仁德就可见一斑了，朕确信他就是能担大任之人了。”

赵曙依旧辞而不就，于是仁宗下诏让安国公从古等人前往劝告，他们说：“现在皇上膝下无子，若有朝一日皇上千古，江山社稷无人继承，岂不是会给逆贼可乘之机？陛下是为我们宋朝的基业着想，且看你仁德宽厚，才选中你作为皇子，你多次推辞，似乎不太妥当啊！”

赵曙面露难色，犹豫不定，于是众臣将赵曙从卧室中扶起就往皇宫走去。万般无奈之下，赵曙才答应做皇子，并告诫舍人说：“你们一定要谨慎地守好我的屋舍，如果以后皇上有了后嗣，我就回来。”

后来赵曙居住在清居殿。从此以后，赵曙每天两次朝拜仁宗，有时还到皇宫内服侍仁宗。九月，赵曙被封为齐州防御史、巨鹿郡公。

嘉祐八年(1063)，仁宗去世，赵曙即皇帝位，是为英宗。

赵曙想为仁宗守丧三年，命令韩琦代理军政事务，宰相大臣都不答应，赵曙只好收回成命。

有的大臣为了讨好他，草拟了一些新政，恳求他实行，大臣说：“陛下初立，不能不树立自己的威严，否则，臣担心有人会对陛下不敬啊。”

英宗把奏书扔在地上，未看一眼，他出口道：“朕未使百姓感受到一点仁德，又怎么能树立威信呢？朕治理国家，是要教化百姓，以仁为政。”

治平二年(1065)，京城大雨连续不断，造成了水灾，有1580人死于水灾之中。有的大臣据此上奏英宗说：“京城遭遇水灾，这是京城长官防灾不力，有失职之责，陛下应予重惩。”

英宗并未同意，他说：“面对水灾，京城长官并未袖手旁观，只是天灾难测，有时无法避免，朕不能加罪于他。”

于是，英宗下令赐给死者家属金钱，安抚慰问，此举得到了京城百姓的极度拥护。

不久京城再遇水灾，损失惨重。有人再次提议重惩京城长官，说：“陛下即位不久，连遭水灾有损陛下威信，如不惩处京城长官，陛下实难自处。京城长官有责在身，惩处他并不为冤。”

英宗见书不悦，他对群臣说：“朕若靠罚人立威，与暴君何异？天灾乃是上天惩戒朕的失德，与别人无关，朕不能推卸责任啊。”

英宗于是下诏书自责，把罪过都揽在自己身上。

文武百官和天下百姓感佩英宗的真诚，无不称颂他的仁德。

英宗在位期间，继续任用仁宗时的改革派重臣韩琦、欧阳修、富弼等人；向执政宰辅们提出了裁救积弊的问题，征求大臣们的意见；下诏将各品级官员的转迁年限加以延长，在一定程度上缓解了“冗官”现象给朝廷财政造成的压力。赵曙为了广纳人才、为国选贤，还命宰执大臣推荐才行之士以充官职。

赵曙在位时间很短，虽然没有大的作为，却是人心归顺，天下安定。

【释评】

诚意可以打动人心，智者可以拒绝奸诈，却不能拒绝诚意。智者驾驭智者，从不会遮遮掩掩，会坦白相待，以诚意让其顺从。诚意可以弥补智慧的缺失，可以感化一切，身处高位的人如果不注重诚意的实施，很可能错失人才。

【事典】

执法严明的赵绰

隋朝建立初期，隋文帝觉得北周的法律既残酷又混乱，所以让人对法律进行了修整，制定了《开皇律》。

当时国家刚刚稳定下来，民间很多百姓身上还保留有很多恶行，致使偷盗抢劫事件屡屡出现。隋文帝非常生气，下令：凡遇到此类罪犯，皆严刑处斩。

赵绰却向隋文帝上奏，说道："陛下实行的是尧舜之道，执政、为人都非常宽容，怎么能对盗贼随意加重刑法呢？量刑的依据应该是法律，这样才能取信于民，否则就会失信于天下。"

隋文帝认为赵绰所说有理，便采纳了他的意见，还对赵绰说："如果还有见解，应多多陈述说明。"并将赵绰提拔为大理寺少卿。

当时和赵绰一起共事的还有个侍郎名叫辛亶，辛亶比较迷信，喜欢穿红色的短裤，他以为这样可以帮助自己尽快升官发财。有人认为这是在宣扬巫蛊之术，将此事向隋文帝告发，隋文帝非常气愤，就下令让赵绰把辛亶处死。

赵绰并未照办，而是上朝对隋文帝说："辛亶犯的不是死罪，所以我不能接受陛下的命令。"

隋文帝气愤不已，斥责他道："你想救辛亶的命，难道就不顾自己的性命了吗？如果再不执行，朕就连你一块拉出去砍了。"说完命人将赵绰一起拉下殿去。

赵绰面不改色，对隋文帝说："陛下可以杀了我，但不该杀辛亶。"

说完，赵绰自己走下朝堂，脱了衣服准备被杀头。

隋文帝见其如此强硬，不禁心生佩服。他再想想，自己根本没理由杀赵绰，于是就派人问赵绰："你对自己刚才说的话，有没有后悔？"

赵绰虽然跪在地上，但腰板却挺得笔直，斩钉截铁地说："我一心一意要公正地执法，不敢贪生怕死。”

隋文帝本来也不想杀赵绰，此时，他的气已经消了一半，于是心平气和地对赵绰说：“你起来吧！你能坚持按法律办事，无可挑剔，这对国家社稷有利而无害。辛亶也没什么大错，多亏你提醒朕，免得朕错杀好人。”

于是，隋文帝让人把辛亶和赵绰放了。

第二天，隋文帝还派人去慰问赵绰，并赐给他三百匹绸缎。

当时，隋文帝禁止质料薄劣的私人铸造的钱流行，有两个人在市场用劣钱换好的物品，巡逻的将士发现后将这两个人抓住，请求皇上发落，皇上下令将他俩全部杀掉。赵绰赶紧上前阻止道：“这个人应当受杖刑罪，杀掉他们不合法律规定。”

皇上认为赵绰多管闲事，就说：“这事和你无关。”

赵绰说：“陛下没有因为臣愚昧无知，将臣安置在司法刑狱官署，皇上要随便杀人，怎能和臣无关！”

皇上又说：“摇撼大树不动的话，就应当退去。”

赵绰回答说：“臣希望感动天心，更不必说摇撼大树了！”

皇上又说：“天子的威严，你要凌辱它吗？”

赵绰向前跪拜，皇上大声呵斥，他也不肯退下。后来皇上终于打消这种念头，将这两个人按法律进行了处置。

由于赵绰忠诚正直，敢于进谏，隋文帝认为他忠心耿耿，对其越来越信任，经常把他召入内宫赐坐，评论政事得失。但是赵绰秉性耿直，有时因为与皇上意见不同，就会和皇上发生冲突，但都是为国尽忠，隋文帝也不会追究。

大理寺有个叫来旷的官员，有一次看到赵绰顶撞隋文帝，弄得隋文帝很不高兴，他就想趁机弹劾赵绰，于是偷偷地给隋文帝上了一道奏章，揭发大理寺执法不严。

隋文帝看了这份奏章，就信以为真。为了奖励来旷敢于揭发事实，便给他升了官。

来旷从中得到甜头，便认为摸透了隋文帝的心思，紧接着他又昧着良心诬告赵绰营私舞弊，把本该严惩的犯人也给放了。

隋文帝对此产生了怀疑，他了解赵绰的为人，虽然赵绰性格刚直，有时候会顶撞自己，但都是为了国家着想，无可厚非。在隋文帝心中，赵绰从来不会徇私枉法，又怎么会徇私舞弊呢？

为了弄清事实真相，隋文帝便派亲信去调查，后来终于明白了，原来是来旷故意无中生有，诬陷赵绰。隋文帝大怒，下令将来旷处死。

隋文帝把这个案子交给赵绰经办，一方面让他出出气；另一方面认为这次是来旷诬告赵绰，赵绰不会放过他。

不料赵绰接办案子后，面见隋文帝说："来旷确实有罪，但不该判死刑。"

隋文帝听了这话很不高兴，根本不听赵绰解释，转身就走。

赵绰赶紧追上皇上，说道："今天我不是专门来为来旷脱罪的，而是有要紧的事想赶紧向陛下报告。"

隋文帝一听他有事报告，便将其召到内宫，让其坐下，问道："什么事这么紧急？你说来听听。"

谁知赵绰扑通一下跪倒在地上，说道："我犯了三个大罪，请求陛下处置。"

这给隋文帝来了个措手不及，他半信半疑地问道："你到底犯了什么罪，快说吧！"

赵绰便说道："第一条罪，我身为大理寺少卿，没有管好下属官吏，使得来旷触犯了刑律；第二条罪，来旷不该判处死刑，我却不能据理力争；第三条罪，我没有什么事要报告，只是因为急着想进宫说明自己的想法，所以才欺骗了陛下。"

隋文帝听了这番话，不禁笑了起来，他采纳了赵绰的意见，没有杀来旷，将其改为革职流放。

隋文帝贵为皇帝，但当他对犯罪之人随意定刑时，赵绰都会勇敢反对。虽然隋文帝心有不悦，但每次都会听从赵绰的意见，让其按法律执行，从不意气行事。

【释评】

在封建社会，手握大权的人认为自己可以操控一切，所以总想以势压人。殊不知，这种方法不能换来下属真正的顺从，只会让他们心生恐惧或厌烦。智者不会服从于胁迫之下，管理者要做到以德服人，不能为所欲为。

【事典】

赵匡胤安置功臣之策

赵匡胤是宋朝的开国之君，也是一位马上皇帝，然而他的武力只用于敌人，对自己的臣子却永远选择柔和的态度。

赵匡胤待人仁慈宽厚，虽然黄袍加身，取代后周政权，但是他却对军队言明：对后周的太后和小皇帝不得惊犯，对后周的公卿不得侵凌，对朝市府库不得侵掠等，所以军中无人违抗命令，为赵匡胤赢得了民心。

他登上帝位以后，像其他开国之君一样有后顾之忧，他怕臣子权力过大，对自己的皇权造成威胁，但是又不知如何处理。

于是，赵匡胤召见宰相赵普，问道："从唐朝末世以来数十年，皇帝已经换了八个家族了，战争不休不止，人民生活在水深火热之中，这是什么原因呢？朕想停止天下兵戈，使国家长治久安，如何才能做到？"

赵普回答："陛下讲了这事，是天地人神之福啊。造成天下混乱的原因并非其他，而是藩镇的权力太大，君弱而臣强罢了。今日如想要解决这样的情况，唯有削弱藩镇的权力，限制他们的财政，将他们的精兵没收，这样天下就会安宁了。"

赵普的话还没说完，太祖就连声说："你不用再说了，朕全明白了。"

于是，赵匡胤心中就形成了一个中央集权专制制度的计划，并逐步付诸实施。

最初，赵匡胤并未打算解除石守信等人的兵权，认为他们都是自己的故友，忠心可鉴，绝对不会有谋反之心。赵普却提醒说："臣也不担心他们会背叛陛下，但是如果他们的部下贪图富贵，万一有作孽之人拥戴他们，他们能禁得住诱惑吗？"

这话让赵匡胤不寒而栗，生怕陈桥兵变的事件重演。

所以，一天退朝后，赵匡胤将石守信、高怀德、王审琦、张令铎等高级将领留下来饮酒。酒至半酣，赵匡胤对军将们说："朕若没有诸位，也当不了皇帝。虽然朕贵为天子，还不如做节度使时快乐。当了皇帝之后，朕终日没有好好睡过觉。"

石守信等人大惊，赶紧问道："如今天命已定，谁敢再有异心？皇上怎么说出这样的话来呢？"

赵匡胤故意试探说："谁不想要富贵？有朝一日，有人将黄袍披在你们身上，拥戴你们当皇帝，即使不想造反，还由得着你们吗？"

众将听了吓得赶紧跪倒在地上，不住地磕头说："臣等愚昧，不能了解此事该怎么处理，还请陛下可怜我们，指出一条生路。"

赵匡胤直截了当地说："人生苦短，犹如白驹过隙，不如多累积一些金钱，买一些房产，传给后代子孙，家中多置歌伎舞伶，日夜饮酒相欢以终天年，君臣之间没有猜疑，上下相安，这样不是很好吗？"

诸将赶紧答谢道："陛下为臣子们想得如此周到，对我们有再生的恩德啊。"

于是，第二天，几位将领都称病不再上朝，并请求皇上解除兵权。皇上依从了他们的要求，便各自封了他们一个闲散官做，并给予他们一大批赏赐。

这就是历史上的"杯酒释兵权"。

之后，赵匡胤还不止一次用过这个方法。当时地方上有些节度使还掌握着很大的兵力，赵匡胤依然心有不安，便找了个机会，把这套把戏重演了一遍。

一次，王彦超等几个节度使进京朝见赵匡胤。赵匡胤设酒宴招待他们，饮了一会儿，赵匡胤对他们说："你们都是国家的元老，长久担任要职，国事繁忙，这不合朕优待元老大臣的用意。"

王彦超非常聪明，立马懂得了皇上的意思，马上接口说："我并没有多大功劳，但一直受到陛下的恩宠，如今年老体弱，请陛下准许我告老还乡吧！"

另外几个节度使却不够机灵，还想继续领兵，抢着夸耀自己过去打仗的功劳。赵匡胤冷冷地说："这都是前代的旧事，有什么值得谈呢？"

第二天，赵匡胤就罢去了这些节度使的官职，把他们留在京城，给了大量的赏赐，并分别封了他们一个没有实权的官职。

虽然将兵权的事情解决了，赵匡胤又开始担心另一个问题：在解除这些节度使的兵权时，赵匡胤给他们许诺了大量赏赐，可光是替每个节度使盖一栋房子就要花上好几万钱。

一日，赵匡胤又将这些节度使召到一起，设宴款待。因为有之前的杯酒释兵权的事，他们个个都不敢多喝，怕被皇上抓到什么把柄受到责罚。但是架不住皇上不停地劝酒，最终还是一个个喝得酩酊大醉。于是，赵匡胤召其家人进宫将他们扶回家去。赵匡胤还特意将他们送到宫门口，并对其家人说："他们都自愿捐献出十万贯钱给朝廷，以表示忠心。"赵匡胤还对其家人称赞了他们的行为。

第二天这些节度使酒醒之后，赶紧询问是如何回到家中的，并问："昨晚在皇上面前可有失态？"

家人便把许诺十万贯钱的事说出来，众人虽然怀疑自己没有说过，但也无奈，只好如数把钱送给朝廷。赵匡胤没有出钱，又顺利解决了安置功臣的事情，他的智慧令人叹服。

赵匡胤身为一国之君，若害怕功臣功高震主，完全可以采用武力解决，但是他又过于仁慈，不忍出兵，于是对他们柔和以待，不费一兵一卒就将兵权全都收揽在自己手中，并且还没有影响君臣之间的关系。我们不得不佩服他的智慧。

【释评】

强者要么身居高位，要么手握大权，他们都有炫耀的实力，所以他们在遇到问题时，完全可以动用武力去解决。但是武力镇压后患无穷，既不能让人心服口服，还容易激起对方的反抗。所以智者都不会随便动用武力，而是以温和的方式解决问题，让人由衷地佩服。

【事典】

广纳谏言的楚襄王

晚年的楚怀王昏庸无知，听信谗言，远离贤臣，结果被秦国扣押。楚国群臣都为此事担忧，说道："秦国扣押我们的大王，以割地相要挟，导致大王无法回国，而太子又在齐国做人质，如果齐、秦两国合谋，那我们就要亡国了。"

众臣共同商议下，决定对外诈称楚怀王去世，并向齐国发去讣告，请求在齐国做人质的太子回国继承王位，可是却遭到了齐闵王的故意刁难，齐闵王对楚国太子说："如果你割五百里楚地给我，我就放你回楚国，否则你就无法回去。"

太子十分为难，不知道该怎么做，就请教自己的师傅慎子。慎子听说后对太子说："如果想顺利回国，就必须把土地割给齐王，如果不割，他就不会放你回去，你也就无法为父亲奔丧，这是不合伦理的行为。所以你只能割地来赎回自己。"

太子听从了师傅的意见，答应将五百里地割给齐国，齐闵王遂放其回国。

太子回国后，便即位为楚国的国君，即楚襄王。

此时，齐国已派出五十辆兵车前来接收割让的土地，楚襄王不愿送出土地，又找来慎子询问意见。慎子说："明天早晨上朝的时候，你让每位大臣献上一计，听取了大家的意见，你就知道怎么做了。"

早朝时，楚襄王向众大臣说道："寡人之所以能回国为先王送葬，得见众卿进而即位为王，是因为寡人答应了齐王，回国后割让五百里地给他，现在齐王派人来要土地，贤卿你们看要怎么办呢？"

子良首先说："以臣之见，大王不可以违约，应该给齐王土地，您是君主，怎么可以说话不算数呢？再说齐国是万乘之国，国力强盛，如果我们此次违约，就是失信，以后其他诸侯国也不会相信我们了。所以我主张先将地割给齐国，然后再发兵攻打它。给齐王土地是守信，发兵攻打齐是勇敢，这两者互不冲突。”

随后昭常又说：“臣认为不可以给齐国土地，我们被称为万乘之国，全因为土地广大，如果我们割五百里给齐国，那么就失去了将近一半的国土，还怎么担得起万乘之名呢？不过是千乘而已。所以，臣建议不要割地，臣愿镇守边境，保护国土。”

景鲤也发表了自己的意见，说道：“臣也以为不可以割地给齐国。但是既然主公已经许诺齐王，将土地割让给他，如果不遵守诺言，必会背负不义之名，齐国很可能会出兵楚国，所以我请求大王向秦国求援。”

听了大家的意见，楚襄王依旧不知道该怎么办。早朝退后，慎子又来觐见，楚襄王向他陈述了三位大臣的提议，问道：“师傅认为寡人应该听取谁的意见呢？”

慎子面露笑容，说道：“都可以采纳。”

楚襄王听了有些糊涂，以为慎子是在故意开玩笑，便说道：“师傅这是什么意思？他们三个的意见大不相同，怎么都采纳呢？”

慎子不慌不忙地说：“大王别急，听我慢慢道来。大王先拨给子良五十辆战车，让他去向齐国献地；第二天，再派昭常为大司马镇守割献之地；第三天，派景鲤率五十辆战车去秦国求救。”

楚襄王听后不禁称赞慎子的主意绝妙。随后，他将大臣们聚到一起，各自安排，依计行事。

按照计划，子良到了齐国的边境，让齐国接收土地。随后昭常带领士兵到达，并对齐国使臣说道：“本帅负责镇守这片土地，我共调集了三十万余部众，小自五尺之童，大至六十老翁，我们的盔甲武器虽然破旧，但是却誓死与这片土地共存亡，为了国土的完整，我们宁可血洒战场。”

齐闵王大怒，对子良说：“你既然是来为齐国献地，为什么又派昭常率军镇守？这到底是什么意思？”

子良解释道：“臣是奉了大王之命来进献国土，然而昭常却是私自违反君命带兵来守。”

齐闵王勃然大怒，从齐国派兵攻打昭常，但是大军还未到，景鲤已经将秦国的五十万援兵带到边境。秦军对齐闵王怒斥道：“你阻挠楚国太子回国，这是不仁；借机勒索楚国五百里土地，这是不义。你不忠不义，怎么服众？如果你不立马退兵，那只有一战。”

齐闵王看秦军声势浩大，被吓得不敢进兵。他请子良转告楚襄王，自己本无意攻楚，也不再割取楚国五百里土地，都是误会；再派人去秦国讲和，让其将军队撤离。

楚襄王虽然用众臣之计保住了自己的土地，但是当时楚国已经由盛转衰，楚襄王即位后不但不励精图治，反而贪图享乐，并且与其父亲一样亲小人，远贤臣，导致国家混乱不堪，内有奸臣阻政，外有强秦虎视眈眈。

对于楚襄王的行为楚国大臣庄辛实在看不下去了，就对楚襄王说：“大王左有州侯，右有夏侯，车后又有鄢陵君和寿陵君跟从着，一味过着毫无节制的生活，不理国家政事，如此郢都就会变得很危险。”

楚襄王听后非常愤怒，指责道：“先生你是老糊涂了，还是认为楚国将有什么坏事发生呢？”

庄辛说：“如果君王始终宠幸这四个人，而不稍加收敛，那楚国一定会因此而灭亡的。请君王准许臣到赵国避难，静观楚国的变化。”

庄辛见楚王不听劝告，便逃往赵国。结果果真如庄辛所料，几个月后秦国就发兵楚国，攻占了楚国鄢、郢、巫、上蔡、陈等地方，楚国岌岌可危。楚王此时才开始后悔没有听庄辛的建议，赶紧派人去赵国将庄辛请回来，问道：“我当初没有听先生的话，现在事情到了这种地步，可怎么办呢？”

庄辛回答说：“臣知道一句俗语：‘见到兔子以后再放出猎犬去追并不算晚，羊丢掉以后再去修补羊圈也不算迟。’现在楚国土地虽然狭小，然而如果截长补短，还能有数千里，何止是百里之地呢？大王难道没有见过蜻蜓吗？它自由地在天上飞翔，自以为没有敌人，却不知孩子们已经给它布下天罗地网，准备将其捉住。君王现在不正是如蜻蜓一样吗？君王左边是州侯，右边是夏侯，车后跟着鄢陵君和寿陵君，吃的是封地收取的赋税，用的是地方上贡的金银，与他们驰骋在云梦大泽，根本不把国家政事放在心上。不知道那穰侯正受命于秦王，在塞南布满军队，而把君王抛在塞北。”

楚襄王听后大惊失色，全身发抖。经过庄辛的提点，他终于醒悟了，于是封庄辛为阳陵君，并赐给他淮北之地。

之后楚襄王一改往日懒散的作风，开始勤政为民。据说他还为自己立下了一条楚国不兴则不食肉的戒律，为了告诫自己不要贪图享乐，还坐在薪上处理政务。

之后楚襄王将都城迁到陈都，并收集东部地区的士兵，共得十多万人，向西收复秦国攻占的楚国长江沿岸十五邑，设置郡县，抵拒秦国，之后楚国政局逐渐稳定了下来。

【释评】

古代君王能够稳定江山，绝非一人之功，而是身边围绕着诸多智者为其出谋划策。君王遇到棘手的问题时，就会听取众臣的意见，以做出明智的决定。智者的目光更加长远，思维也更加开阔明朗，所以多听取智者的建议，总会收到意想不到的效果。

【事典】

狄青的稳定军心之策

狄青是北宋时期的名将，他一生中经历了大大小小几十场战役，几乎屡战屡胜。他不但骁勇善战，而且心思缜密，足智多谋，堪称军事奇才。

当时，西夏李元昊发动叛乱。北宋士兵多对西夏军心生恐惧，不敢向前，狄青每次战役都会身先士卒，一马当先。

狄青年轻时因为犯罪被投入监牢，脸上被刺字，所以每次出战的时候他都是头戴铜面具，披头散发，在敌阵中往来冲杀，勇猛异常，犹如天使下凡，所以西夏军给他起了一个外号，叫作“狄天使”。

狄青打仗，善用智谋。有一次，狄青率军在泾原与西夏军作战，因为宋军人数较少，无法正面与西夏军交锋，狄青便心生一计。他告诉军中将士：出战时不用弓箭，只用刀枪，以钲声作为号令。第一次敲钲，全军停止不动；第二次敲钲，全军后退，但阵势不能散乱；钲声停止时，全军全部转身，向敌军冲杀过去。

待宋军士兵熟悉战略之后，狄青率兵与西夏军交战。在交战之前，第一次钲声响起，宋军全部停下来不动。接着第二次钲声响起，宋军开始向后退，西夏军看到后不禁哈哈大笑，随后纷纷议论：“哪有这样打仗的？我看狄青是害怕了，想逃跑吧？”

趁西夏军思想放松，不明所以的时候，钲声突然停止。只见宋军快速转身，大声喊杀，直奔西夏军阵营。西夏军还没反应过来，就被打得四处逃窜。狄青在敌众我寡的情况下，出奇制胜。

在对抗西夏的战役中，狄青屡立战功，得到宋仁宗的赏识。西夏战乱平定以后，宋仁宗亲自召见了他。宋仁宗看到他脸上的字，劝他用药将字痕去掉，然而狄青却说：“陛下是根据功劳对臣进行提拔的，而没有过问臣的出身。臣之所以有今天，就是因这些疤痕，臣希望保留它好鼓励军队，所以不敢奉行您的命令。”

宋仁宗对其暗暗佩服，于是任命他为枢密副使。

后来，广源州蛮侬智高带兵反叛，一路势如破竹，接连攻陷几个州。宋仁宗派兵迎敌，却一直没有战绩，有几位主将还被对方杀死，为此宋仁宗日夜忧心，坐卧不安。

正在宋仁宗心急如焚之时，狄青主动上奏，请求率军出征。他说：“臣是当兵出身，除了去战场杀敌，没有什么可以报效国家的。希望能带领数百个外族部落的骑兵，再加上一些禁军，去将叛贼的头砍下送回京城。”

宋仁宗听到狄青的一番豪言壮语，非常高兴，立即任命他为宣徽南院使、宣抚荆湖南北路，负责广南叛乱之事，并亲自为他设酒饯行，于是，狄青带兵南下。

在侬智高刚刚叛乱之时，交趾国曾向皇帝表示可以帮助抵挡敌兵，于是宋仁宗给予他们粮草和军费，并承诺胜利之后另有奖赏。但是狄青到达前线后，却阻止了交趾国的协助，他向皇上上奏说：“交趾国所承诺的兵马支援并非属实，可见并非真心。并且借蛮夷之力消灭叛军并非良策，一个侬智高已经让朝廷忧心忡忡，如果蛮夷不讲信用，和侬智高合力叛乱，岂不是引狼入室，更加难以抵挡？”

宋仁宗认为狄青说得有理，便取消了交趾国的帮助，由此可见狄青的深谋远虑。

在到达军营之前狄青就对此前的战况进行了详细了解，他得知军队无法抵御敌军，一是纪律不够严谨，没有统一的指挥；二是主将太过轻敌，并未把敌军放在眼里。所以狄青首先整顿了军纪，提高了将士们的纪律性，使军队松垮散漫的风气彻底得到改变。

但是之前几次兵败导致官兵们士气低落，意志消沉，对胜利不抱什么希望，所以，振奋军心就成了当务之急。

狄青灵机一动，想出了一个计策。

他知道南方有崇拜鬼神的风俗，他们对鬼神的指示深信不疑。于是狄青带领官兵们开始向神灵祈求祷告，希望神灵保佑他们取得战争的胜利。然后，狄青面对大家，说道："俗话说'心诚则灵'，既然我们都已经诚心向神灵祷告，那就看看这次战争的结果如何。"

只见他拿出一百个制钱，放在手中，面对前方，嘴里念念有词："此次用兵胜负难以预料，如果我们能杀敌取胜，请神灵使钱面全都朝上！"

听到这话左右官兵都惊出一身冷汗：这是关系全军胜负的问题，将军怎么敢下这样的赌注？钱面全都朝上的概率太小了。如果钱面不是全部朝上，那岂不是会导致士兵意志消沉，影响军心？

于是，大家纷纷劝阻，让狄青不要这么做。

可是狄青依然一意孤行，直接把手中的制钱全部抛了出去。在大家的眼皮底下，一枚枚制钱应声而落。

大家出于好奇之心，纷纷上前查看，不料这一看却大吃一惊，一百个制钱竟然全部都是钱面朝上，在场的人都为之惊叹。官兵们顿时士气高涨，信心十足：看来果真是神灵保佑，此次战役定会取胜。

狄青看到此情景，心里窃喜。他让左右侍从拿来一百根铁钉，将地上的制钱原封不动地钉在地上，之后盖上青布，亲手把它们封好，并对官兵们说："等到我们胜利归来，再把制钱收回来。"

狄青的这一方法果真奏效，官兵们个个信心十足，都希望尽快和侬智高分个胜负。然而狄青并未着急出兵，而是让官兵们按兵不动，静心等待。

在此期间狄青对当地的地形、地势进行了详细的勘察，并仔细研究了侬智高排兵布阵的特点，直到心里有了足够的把握。而侬智高的军队非常纳闷，见狄青军队没有任何动静，以为他们不会马上攻城，渐渐放松了警惕。

结果十天以后，狄青突然集合军队开始袭击，只见军队如洪水猛兽般冲向敌军，打得对方措手不及，只用了一天一夜的时间就过了昆仑关，占据了险要关口。狄青亲自手举白旗指挥骑兵，士兵们从左右两翼冲出，他们个个奋勇当先，以排山倒海之势将侬智高的军队追击了五十多里。最终宋军歼灭叛军几千人，侬智高大败而逃，不知所终，此后再也不敢兴风作浪。

此次平叛胜利，官兵们都深信是神仙显灵，个个都在心里感谢神灵保佑。

狄青带领军队胜利回朝，当走到掷钱处的时候，他命人将制钱一一取出，这时将士们才发现：原来制钱两面都是钱面。

大家这时才明白一切都是狄青的“计谋”，但是没有人因为此次“上当”而恼怒，反而对其感激不尽。

【释评】

智者通常具有超凡的智慧和洞察力，是团队中不可或缺的人物。当事业不够兴旺时，就需要有人指点迷津，此时可以利用智者的智慧来扭转乾坤，帮领导者走出困境。尤其对于决策者，更需要有智慧的头脑，这样才能有明确的目标和方向。

【事典】

唐太宗的以赏代罚

唐太宗李世民以“虚心纳谏”成为史上皇帝的典范，除此之外，他还是一位非常有容人之量的明君。

他在位期间，有些大臣因为一时糊涂做出违反法律的事情，李世民不但没有对其进行惩罚，反而以奖赏来让其改过自新。

长孙顺德是开国二十四功臣之一，他在唐军反隋的战争中，冲锋陷阵，屡立军功，后来被封为薛国公，任左骁卫大将军。在“玄武门之变”中，他又参与其中，帮助李世民讨伐李建成余党，对李世民登上帝位给予了很大的帮助。

李世民继位后，为了对其功绩进行表彰，封长孙顺德一千二百户，又对他大加赏赐。再加上长孙顺德是长孙皇后的叔叔，所以皇帝给予其特权，允许其留宿在宫中。此时的长孙顺德可以说非常风光得意，高官厚禄，样样俱全。

唐朝初期，长孙顺德为官清廉，勤政爱民，为人行事无可挑剔。但是随着他混迹官场的时间越来越长，他开始逐渐变得圆润狡猾。

唐太宗出于对长孙顺德的信任，让其监督宫中奴仆。有一次，长孙顺德发现几个奴仆联合起来偷盗了宫中的财宝。

他得知后将几个奴仆叫到跟前，对他们大骂一通，说道：“你们胆子真够大的，连皇上的东西都敢偷，是不是不想要自己的脑袋了？”

几个奴仆吓得跪在地上不停地磕头，祈求道：“求大人恕罪，小人只是一时糊涂，鬼迷心窍，才做出错事，祈求大人开恩，不要让皇上知道此事。”

长孙顺德看到他们的样子，是又可怜又可恨，一时不知道该怎么办。

正在犹豫不决之时，其中一个奴仆故意说道：“大人，此事最好不要让皇上得知，这样对大人也有好处。毕竟这不是什么光彩之事，若被皇上得知，也许会责罚大人监督不严之罪。这样大人也会一同被罚。如果大人帮助我们隐瞒，我们愿将全部财物送给大人，只求大人放过我们，不要告发。”

长孙顺德一听，心有所动。他想：皇宫财物众多，丢失一点东西也许他们也不会留意。再说，即使被他们查到，无非也就给我定一个监督不严之罪，料想皇上也不会对我严惩。

于是，长孙顺德就放过了几个奴仆，而他们偷盗的那些丝绢当然顺理成章地归入了长孙顺德的名下。

不久之后，此事被揭发出来，闹得朝中大臣尽人皆知。消息传到唐太宗那里，他有点不敢相信，他对近臣说道：“论身份顺德是外戚，论功劳他是开国元勋，地位高，爵禄厚，可以说荣华富贵，应有尽有了。如果他能多看些古今典籍，从中吸取教训，引以为鉴，以自己的言行为人民做出榜样，朕会与他共同享用国库。可是为什么他就不守气节不顾名誉，偏偏搞出个什么贪污受贿的丑闻呢？”

近臣问道：“皇上，长孙顺德收受贿赂已经物证俱在，按大唐律法，应该治罪并投进监牢，不知皇上想如何处置。”

唐太宗沉思良久，说：“他为大唐出生入死，现在就因为贪污了一些丝绢就被治罪，朕实在于心不忍啊！”

第二天，唐太宗在朝堂之上当着百官的面让人拿出几十匹丝绢，当众赏赐给长孙顺德。长孙顺德顿时明白了皇上的用意，顿时羞愧得无地自容。

下朝之后，大理少卿胡演问太宗道：“顺德贪赃枉法，罪不可恕，皇上不但不惩罚他，怎么又赐给他一些丝绢呢？”

太宗说：“人是有灵性的，朕给他这些赏赐对他来说胜于刑罚。如果他还有羞愧之心，以后定会悔悟；如果他并不觉得惭愧，就像禽兽一样了，朕即使杀了他又有什么用呢？”

胡演这才恍然大悟，遂称赞皇上英明。

自此以后，长孙顺德再也没有过贪赃枉法的行为。

后来，长孙顺德被卷入朋友的谋反案中，被削去官职，贬为庶民。第二年，唐太宗翻阅功臣图，当他看到长孙顺德的画像时，不禁生起了怜悯之心，于是派宇文士及前往探望长孙顺德。

宇文士及到达长孙顺德家中，见其精神萎靡不振，每天沉浸在酒色之中，俨然一副老者模样，心里十分难过。

宇文士及回来后，向皇上报告说："长孙顺德每天浑浑噩噩，一副无精打采的样子，很多人说他命不久矣。"

唐太宗实在不忍心看其如此虚度余生，不久之后，便起用长孙顺德为泽州刺史，并恢复了他的爵位和食邑。

重新任职的长孙顺德，就像变了一个人，一改以前自我颓废、不守法度的模样，开始认真行事，严明纪律，不敢有丝毫大意。

长孙顺德为官期间，得知有些贪官总是想方设法向百姓索取贿赂，便对其一一追究，一个人也不放过，并时常告诫下边的人："为官就应该为百姓办事，而不是借机敛财，收受贿赂，否则就是自毁前程啊！"

后来，长孙顺德成为人们称颂的好官。

由此可见，唐太宗的"赏赐计策"的确对长孙顺德起到了巨大的作用。假如当时唐太宗严守法律，对其治罪，可能会白白损失一个好官。

唐太宗在位期间不止一次用过此计。当时，朝中有一位右卫将军名叫陈万福，他从皇帝行宫返回长安途中，在驿站暂住。他看到驿站有很多麸子，就想用其来喂养家中马匹，所以没有多想，随手就拿了几袋带走了。

这件事说大则大，说小则小。麸子不过是小麦粒上退下来的皮，本就不值几个钱，只是用来喂养牲畜，别无他用。但是陈万福终究是朝中官员，公然拿取公家财物，影响实在不好。若不予惩罚，恐怕以后还会有类似事情发生。于是，皇上同样使用了"以赏代罚"的计策。

在陈万福回到京城之后，唐太宗将其召进宫中，当着文武大臣的面，宣布赏赐陈万福几袋麸子，让他当众背回家。陈万福当时羞愧难当，不知如何是好。可是皇上的赏赐也不能不要，只能红着脸将麸子背回了家。

唐太宗作为皇帝，面对大臣的犯错完全可以按法律处置。但是对于那些小错误他却没有死板地恪守法律，给他们治罪，而是用另一种方法对犯错之人进行惩戒，给了他们改过自新的机会。

【释评】

“人非圣贤，孰能无过”，智者同样也会犯错。当他们出现失误，不要过于苛责，要有包容之心，不要因小失大。智者都有自知之明，当他们犯错后，宽容反而会让其无地自容，进而改过自新。如果过于苛刻，可能会激起其反抗之心，最终适得其反。

【事典】

深谋远虑的冯谖

孟尝君以好养门客而闻名天下，他在自己的封地薛邑招揽了很多各诸侯国的宾客以及犯罪逃亡的人。凡是来投奔他的门客无不受到他的热情招待，孟尝君宁肯舍弃家业也会给予他们丰厚的待遇，因此天下贤士都倾心向往。

孟尝君每当接待宾客时，总是让人在屏风后将他们的谈话内容记录下来，并问清其家人亲戚的住处。待宾客离开，孟尝君就会立马派使者到宾客亲戚家里抚慰问候，献上礼物。

一天，孟尝君家门前来了一个名叫冯谖的人，他穿着草鞋，身上的衣服破破烂烂。他因为贫穷而无法养活自己，就想投奔在孟尝君门下。

孟尝君召见了他，问道："你有什么爱好吗？"

冯谖语气平淡地说："没有。"

孟尝君又问："你有什么才能吗？"

冯谖依然回答："没有。"

见来者并不愿多透露自己的信息，孟尝君也只是笑了笑，说道："好吧。"然后把他收留了下来，并让仆人给他安排了住处。

仆人看冯谖贫穷寒酸，又没有什么才能，以为孟尝君看不起他，便将其安排在下等客房，并给他提供粗茶淡饭。

过了一段时间，冯谖靠着柱子弹他的剑，唱道："长剑啊长剑，我们回去吧！在这里吃饭都没有鱼。"

仆人将此事告诉了孟尝君，孟尝君说道："给他鱼吃，按照门下的食客那样对待他。"

又过了一段时间以后，冯谖又弹着他的剑，唱道："长剑啊长剑，我们回去吧！

在这里出门也没有车坐。”

门下的人都取笑他，并把这件事告诉了孟尝君。

孟尝君说：“给他车子，按照上等门客的标准对待他。”

冯谖乘着车，举着剑去拜访他的朋友，得意扬扬地对朋友说道：“孟尝君把我当作客人看待了。”

然而没过多久，冯谖又开始弹他的剑了，并唱道：“长剑啊长剑，我们回去吧！在这里我没有办法养家啊！”

门下的人开始厌恶冯谖，认为他不知满足，贪得无厌。孟尝君得知后，问冯谖：“冯先生家里还有什么人吗？”

冯谖回答：“只有一个老母亲。”

孟尝君便派人给他的母亲送去吃的用的，从此以后冯谖再也没有提过什么要求。

当时，孟尝君为齐国的宰相，他在封地薛邑食万户。他的食客有三千人之多，食邑的赋税收入不够供养这么多食客，他就派人到薛邑贷款放债。有一年，薛邑发生旱灾，百姓收成不好，借债的人多数不能付给利息，食客的需用将无法供给。

于是，孟尝君就想让人去薛邑收债。他发下通告，问众门客：“谁可以替我到薛邑收债？”

冯谖自告奋勇，主动请缨去帮孟尝君收债。孟尝君这才知道此人正是那位弹剑而歌的人，十分高兴地对他说：“看来先生的确是有些本事啊！”

于是，孟尝君为其准备车马、行李，并让其带上借契。准备出发时，冯谖问孟尝君：“如果债务收齐了，需要买些什么吗？”

孟尝君说：“先生看家里缺点什么就买些什么吧。”

冯谖到了薛邑，先把所有借债的人都召集起来，说道：“你们有能力还的，三天之内将债务交上来；如果没有能力还的，三天之后把债券全部带过来。”

三天以后，能交上利息的人都已经把利息交齐。然后冯谖用这些钱买了很多酒肉，设宴招待那些付不起利息的人。冯谖与他们当面核对债券，核对完后冯谖直接把债券给烧掉了，并且对他们说："这都是孟尝君的主意。今年薛邑受灾，孟尝君非常理解大家的艰难，所以这次的债务就不收了。有这么好的主君，大家可一定要对得起他呀！"

大家都对孟尝君感激不尽，两次行跪拜之礼。很快，冯谖就把债务的事情办完了，然后马不停蹄地回到了国都临淄。

这天一大早，冯谖就来求见孟尝君，孟尝君惊讶地问道："怎么回来得这么快呀？债务都收齐了？"

冯谖爽快地答道："收完了。"

孟尝君又问："那你买了什么回来了？"

冯谖说道："你当时让我买家里所缺的东西，可是我看您家里什么都不缺。您家里珍宝成堆，牲口圈充满了猎狗和骏马，堂下站满了美女，您家所缺少的只有'义'，所以我就私自用债款给您买了'义'。"

孟尝君不懂冯谖的意思，便追问："'义'是什么？"

冯谖解释道："薛邑是您的封地，您应该把那里的百姓看成自己的子女，抚育爱护他们，不应该趁机从他们身上谋取私利。所以我私自假托您的命令，为那些还不起债的百姓免去债务，随即烧了那些借契，老百姓高呼万岁，这就是我所说的'义'。"

孟尝君听了非常生气，质问道："我的封地本来就少，百姓还多不按时还给利息，如果债务都收不上来，还怎么供养这些宾客，你怎么能把这些债务给我消了呢？"

冯谖说道："今年薛邑受灾，很多百姓生活难以维持，即使您逼迫他们，他们依然无法将债务还上，甚至还会选择逃亡他地以赖掉债务。这样不但无法将债务收回，反而会让薛邑的百姓认为您不为百姓着想，只知道贪财好利，这不利于您对薛邑百姓的管理啊。如今我烧掉了那些毫无用处的借据，是让薛邑的百姓彰扬您善良的好名声。这有什么不可理解吗？"

孟尝君听后觉得冯谖说得有道理，气也消了一半。无论怎样，一切既成事实，孟尝君也就没对他进行过多责备。

当时，孟尝君为齐国做出了很大的贡献，名声很大，秦国就故意谣传孟尝君权力比齐王都大，会对齐王造成威胁。齐王听信谣言，就收了孟尝君的相印，让他回到了薛邑。离薛邑还有几十里的地方，老百姓扶老携幼，夹道相迎，并带着酒肉和礼物献给孟尝君。孟尝君十分感激地看着冯谖，说道："先生给我买的'义'，今天我总算见到了。"

到了薛邑，孟尝君以为可以安然生活了，想不到冯谖却微微一笑说："狡猾的兔子一般都会给自己留三个洞穴。现在您只有一个洞穴，还不能高枕无忧啊！请让我替您再凿两个洞穴。"

于是冯谖带着重金去了魏国，他对魏惠王说："齐王把他的臣子孟尝君赶出了国都，诸侯国中首先迎接他的，就会国富兵强。"

魏惠王明白冯谖的意思，并且早听说了孟尝君的才能，很快就带着一千斤黄金去请孟尝君。然而孟尝君却拒绝了。

齐王听说之后，心生恐惧，又赶紧派人将孟尝君请了回来，他说："我之前受人蛊惑，才对你有所防备，愿先生不计过往，顾念先王的宗庙，回来统率全国人民吧！"

冯谖对孟尝君说："希望您向齐王请来先王传下的祭器，在薛地建立宗庙。"

齐王同意了，宗庙建成后，冯谖回来报告孟尝君说："三个洞穴我都已替您挖好了，您现在可以高枕而卧，安心享乐了！"

后来，孟尝君常常感慨：我做了几十年国相，没有半点灾祸，这都是冯谖的功劳啊！

【释评】

智者拥有睿智的目光，有着长远的规划，所以领导者都想驾驭智者。智者有超凡的才能，做事可以达到事半功倍的效果。但是一旦智者做出成绩，就要对他们表示认可和赏识，只有时刻将其功绩挂在嘴边，才能让他们死心塌地地跟随。

七、愚者不智，大智若愚

【原文】

愚者不悟，诈之。愚者不智，谋之。愚者不慎，误之。君子驭愚，施以惠也。小人驭愚，施以诺也。驭者勿愚也。大任不予。小诺勿许。蹇则近之。达则远矣。

【译文】

愚昧的人没有悟性，可以欺诈他。愚昧的人没有智慧，可以运用谋略来驾驭他。愚蠢的人不细心，可以误导他。君子在驾驭愚昧的人时，会给予其实惠。小人驾驭愚昧的人，往往用空口许诺。管理者千万不能愚昧。重要的职位不要交给愚昧的人。愚昧者用小聪明得到的好处不要鼓励他。当身处逆境时要接近愚昧者。当自己事业发达时就要远离愚昧者。

【事典】

足智多谋的傅介子

众所周知，汉朝期间，边境多次受匈奴侵扰，所以汉朝多次派兵出击匈奴，由此产生了众多抗击匈奴的英雄，傅介子就是其中一位，他或许不如卫青、霍去病那么有名，但也为汉朝边境的和平做出了很大的贡献。

据说，傅介子原本只是一介书生，14 岁那年，他叹息道："大丈夫要在战场上立功，不能只坐在这里当文弱书生！"

于是，傅介子弃笔从戎，去了战场。在军中他因为颇有功绩，被朝廷安排到骏马监工作。正好傅介子对马颇有研究，这职位正与之匹配。

几年后，朝臣霍光想找合适的人选去西域大宛寻找汗血宝马，而傅介子不但会养马，还懂得相马之术，所以他主动请缨，成为一名出使西域的外交官。

在匈奴与汉朝交界的地区，有很多附属于汉朝的小国，因为地处特殊，它们自然和匈奴的联系比较频繁，也由此成为匈奴经常侵犯的对象。

汉昭帝期间，汉朝多次派兵出击匈奴，才保证了边境小国的安全。然而楼兰和龟兹等国最为奸诈，它们既想求得汉朝的保护，接受着汉朝的赠礼，又总是与匈奴相互勾结，打算脱离汉朝的管辖。这些小国还怂恿匈奴杀掉了汉朝派出的使者。

这一行为惹得皇帝大怒，遂派傅介子去往大宛的同时，带上皇帝的诏书，对楼兰等国的行为进行谴责。傅介子到达楼兰后，责备楼兰王怂恿匈奴截杀汉朝使者，说道："大部队就要到了，你们为什么怂恿匈奴杀死汉使？匈奴使者从这里经过，你们为什么不向我们报告？"

楼兰王吓得面如土色，表示认错，并向傅介子报告说："匈奴使者刚刚从这里过去，应当是到乌孙去，中途他们会经过龟兹。"

于是傅介子又到了龟兹，去责备龟兹王，龟兹王同样表示服罪。傅介子对他说：“若有匈奴使者前来不许隐瞒，如实上报。”

龟兹王一一应允。

当傅介子从大宛回到龟兹时，龟兹人告诉他：“匈奴使者从乌孙回来了，现在正在这里。”

傅介子乘机率领所带的汉军一起斩杀了匈奴使者。

傅介子回到京城把情况向皇上一一上奏，汉昭帝对他的行为进行称赞，并任命他为中郎，升为平乐监。

之后，傅介子对大将军霍光说：“楼兰、龟兹总是反复无常，如果不给他们点惩罚，根本起不到惩戒的作用。我愿前往龟兹国，将龟兹王的首级拿下，以此在各国中树立威信。”

霍光觉得此计可行，但是再三考虑之后说道：“龟兹国路途遥远，不利于行动，我建议先到楼兰试试，看看结果如何，如果可行以后再做其他打算。”

汉昭帝采纳了霍光的意见，便命傅介子以“赏赐西域各国”为名专门出使西域，傅介子所带之物，除了一些土特产和护卫之外，还有大量金银财宝。

傅介子奉命出发，很快他们到达了楼兰的王都。楼兰国王听说汉使前来，只能虚情假意地亲自列队迎接，但不久就暴露了真面目，开始对傅介子不理不睬。于是傅介子假装因为受到冷落而无奈离开，他和楼兰国王告别，开始向西而行。等他们走到楼兰西部边界的时候，傅介子故意对前来送行的楼兰官员说：“我本来是奉皇上之命来给西域各国赏赐财物的，但是看到你们国王对我如此冷淡，我也只有尽快离开了。看来你们国王是不想接受这些赏赐，那我只好送去别的国家了。”

说话间，傅介子还故意将包裹打开，露出里边的财物，楼兰官员一看，后悔莫及，赶紧回去告诉了楼兰国王。楼兰国王贪图财物，哪还顾得上想那么多，快马加鞭地赶上了傅介子，并对其说：“我不知道您是奉皇帝之命给予赏赐，是我有眼无珠，让您备受冷落，实在抱歉。”

傅介子假装不计前嫌，大方地设宴招待楼兰国王，宴会上，傅介子还将那些金银珠宝陈列出来，把楼兰国王看得目瞪口呆。待楼兰国王喝得微有醉意的时候，傅介子靠近他悄悄地说道：“皇上让我私下里跟你谈点事，请随我到帐中密谈。”

楼兰国王认为有什么好事，于是让左右退下，自己跟随傅介子走进帐中。此时楼兰国王在美酒和财物的诱惑下，已经没有了任何警惕。可是傅介子却早有准备，等他们刚进入帐中，已经埋伏好的护卫就突然冲出，直接奔向楼兰国王，将其斩杀。

当楼兰国王的亲信得知国王遇刺后，就想逃跑，傅介子却严肃地告诫他们：“楼兰王有罪于汉朝，他常常指使匈奴拦杀汉朝的使节，盗取节印和献物。所以这是皇上派我来诛杀他的，以后改立以前留在汉朝为人质的太子为王。现在汉军刚到，你们不要轻举妄动，否则汉军会把你们的国家一并消灭！”

经傅介子这么一说，还真没有人敢反抗，都留下乖乖听令。后来傅介子提着楼兰国王的首级回京复命，公卿、将军等都议论称赞他的功劳。

汉昭帝下诏将楼兰国王的头悬挂于北面的城楼之上，并封傅介子为义阳侯，赐给食邑七百户，士兵中刺杀楼兰王的都补官为侍郎。正因为听从了傅介子的意见，朝廷并未劳师动众，只用一个计谋就将楼兰国平定了下来，并且对其他西域属国也起到了震慑的作用。

楼兰国王死于非命，只能说他思想太过简单，被钱物所迷惑，不知道这是傅介子的诱敌之计，所以误入圈套。

【释评】

愚昧的人脑子不够灵活，有些事情分不清利弊，这样的人如果只给他们讲道理是行不通的。若想要这样的人服从，就得用一些计谋，来改变他们倔强的想法。他们缺乏深谋远虑的头脑，只注重眼前的利益，所以物质诱惑不失为一种好的办法。

【事典】

岳飞巧用反间计

岳飞能够被称为南宋第一将，定有其过人之处，他不但力大无穷，而且年龄很小的时候他就凸显出了军事才能，更是擅用计谋，让敌人防不胜防。

众所周知，岳飞在抗金的战役中几无败绩，其实他对内剿匪更是屡战屡胜。

当时一个贼寇头领名叫曹成，此人非常奇怪，善恶难分。他既是一名抗金武将，又是一位与朝廷作对的贼寇。

曹成原本是一名铁匠，但是在金兵侵犯中原的时候，他勇敢地投靠到刘锜手下，说道："金人欺我太甚，老子要在刘太尉麾下英勇杀敌哩！"

于是他先凭借自己的手艺给军队铸枪锻剑，然后按照刘锜的计划，在要害处投放毒药，最后参加敢死队。他骁勇善战，武艺高强，拥有强大的军事才能和领导力。在战场上他以一当百，屡战皆捷，所以当时在军队中拥有很高的声望。

待金兵退去之后，刘锜见其军功卓著，便给他封官行赏，然而他却并不接受，说道："倾巢焉有完卵？保家卫国是我的分内之事，现在金兵既然已经退去，我就可以继续做我的本职工作了。"

于是曹成再次回到铁匠铺，安安分分地做自己的事情，他由此受到乡里人的敬重。在此可以看出曹成侠肝义胆、粗犷豪爽。

后来因为朝廷腐败，曹成看不惯，就想要拥兵自重，扩张自己的势力，一时间，由为国效忠的英雄变成与国为敌的贼寇。他凭借着自己在当地的势力，很快就招募了十万余众部将，随着势力的逐渐强大，对朝廷形成了很大的压力。并且他经常带人在岭表一带为非作恶，搞得周边百姓苦不堪言，让朝廷很是忧心。

此时，金人仍然不断侵染宋朝国土，国家正是用人之际，皇上准备对其招安，以为国家所用。然而几次下诏曹成都不理不睬，还故意与朝廷作对，扩大自己的势力，占据了江西、湖南很多地区。

岳飞上奏道：“皇上多次下令招安，盗贼认为自己势力强大，不但不从，反而更加肆无忌惮。所以必须先用武力让其屈服，如果不对其进行围剿，他们是不会轻易接受招安的。”

皇上听从了岳飞的建议，遂派其带领精锐部队前去剿匪。曹成听说岳飞带兵前来，心里没底，毕竟岳飞名望太高，令众多敌人闻风丧胆，所以他派出探子去岳飞军中打探消息，想了解岳飞军中底细。

曹成的这一行为简直是把岳飞看成了草包，岳飞是抗金大将，国之栋梁，他带出的军队简直是“眼观六路，耳听八方”，岂是这些草寇能比的？所以这名探子很快就被岳飞的部将所捉。

当士兵们将探子押到岳飞面前时，岳飞顿时心生一计。他故意对看守下令说：“你们把这名探子给我看好了，千万不能大意，如果让他逃跑了，你们以命来抵。”

看守应声允诺。

岳飞接着说：“好了，天色也不早了，大家赶紧安营扎寨，早点休息吧！”

于是，守卫们故意将探子绑在了岳飞营帐门前的柱子上。

岳飞暗地里和几位将士秘密计划了一番，然后各回营帐。一会儿，岳飞叫来一位大将，下令道：“军中人多，消耗粮食巨大，你赶紧去征集军粮，免得耽误出战。”

大将面露难色，说道：“将军，现在城中粮食不足，百姓生活也很难过，我们也不能对他们动武，所以根本无法征集到军粮，我们也不知道该如何是好。”

岳飞愁眉不展，沉思半晌，叹了口气说：“唉，大军出征，粮草先行，打仗怎么能少得了粮草，如果军粮不足我们只能退回茶陵了，等备齐军粮再做打算吧。”

这一番谈话被帐外的探子听了个一清二楚。他想：原来岳飞军中粮草不足，士兵们没有吃的，任凭岳飞有再大的本事也无法行军打仗，如果我能把这一消息告诉主将曹成，让他乘虚而入，定能大败岳飞。可是自己被官兵看守，又该如何逃脱？

晚上，岳飞军中将士都已入睡，周围一片寂静。当值的士兵开始时还强睁双眼，东望西看，但是后来就再也坚持不住了，困意不断袭来，开始昏昏欲睡，不一会儿，守卫们便鼾声如雷。

探子暗自发笑：都说岳飞治军严明，不过是吹牛而已，连当值的士兵都睡着了，看来毫无防范之心。

于是，探子小心翼翼地把绳子解开，然后迅速消失在茫茫夜色之中。

岳飞看到探子逃走，哈哈大笑，遂下令道："赶紧做饭，等大家吃饱喝足，天亮之前出击迎敌。"

果真一切如岳飞所料。曹成的探子回到军中，立刻将在岳飞军中打探到的"实情"报告给曹成。曹成一听，喜出望外："这真是老天相助啊，既然这样还等什么，明天我就集合军队直击岳飞军营，打他个措手不及。"

然而曹成做梦也没想到，自己早已掉入岳飞设下的圈套。岳飞趁着夜色带领军队悄悄绕过岭表，天色还未亮，就已经占领了曹成的营帐。等曹成听到背后喊杀声震天响起时，才发现已经中计，可是已无退路，直接逃到北藏岭、上梧关一带，他准备重整军队，迎击岳飞。然而岳飞根本不给他们休整的机会，他带领军队不等曹军列好阵法就直接击鼓出击，岳家军个个奋勇当先，以迅雷不及掩耳之势冲向曹军，岳飞以八千部众将曹成的十万大军打得溃不成军，曹成大败而逃。

岳飞对部下说："曹成的部队现在已经溃散，他们之中很多人都是被胁迫才落草为寇的，不能一概杀掉，但是如果放他们走，不久他们又会聚合起来成为盗贼。所以需要诛杀他们的首领，以儆效尤。切记，不能滥杀无辜，一定要彰显皇上的仁德之名。"

后来，岳飞招抚曹成部队两万余人，曹成也弃甲投降，归顺朝廷，并为国效力。

【释评】

愚蠢的人粗心大意，思维不够缜密，所以他们常常上当受骗。与愚蠢的人相处，只能直来直去，不能拐弯抹角，否则他们根本不懂表面话语背后的深意。有时我们需要利用他们的这一特点，对其进行误导，进而达到自己的目的。

【事典】

巧捉盗贼的崔安潜

崔安潜是晚唐时期的大臣，他曾被任命为西川节度使。

当时，四川地区治安混乱，盗贼猖獗，他们经常打家劫舍，入户偷盗，给当地官员和百姓的生活造成了很大的影响。以前官吏也曾对其进行治理，但是屡抓不止。

崔安潜来到四川后，对当地的情况进行了一些了解，但是唯独对盗贼之事不加理睬。

蜀地的百姓见新来的官吏根本不管当地的治安，便纷纷暗地指责崔安潜，说道："新来的节度使根本不管我们的死活，我看只是一个贪图钱财的官员吧，以后我们的日子肯定会更加难过了。"

当这些话传到崔安潜耳中，他依然置之不理。

后来，他身边的侍卫实在坐不住了，说道："大人，您刚到此地任职，现在就是给老百姓树立威信的时候，为什么不做出一两件对百姓有利的事，以安民心呢？现在外边都在传扬您是一个贪官，这样对您的名声不好啊。再说，万一您懒于理政的消息传到京城，岂不是会引起皇上的疑心？"

崔安潜对他说："关于此地盗贼猖獗的事我也有所耳闻，但是如果没有官吏的纵容，盗贼是不可能如此猖獗的，所以其背后必定有坚实的靠山。如今要追究的话恐怕牵连众多，开展大规模的搜捕只能是徒劳烦扰。"

听到这话，侍卫以为崔安潜打算让盗贼就如此下去，不加治理，于是着急地说："可是大人也要为百姓着想啊，他们每天受盗贼侵扰，无法安生度日，长久下去，一定会对官府产生不利影响。"

崔安潜笑了笑，说："别急，别急，这不是办法已经在这儿了吗？"

说着，崔安潜拍了拍自己的脑袋。

一天，崔安潜从节度使府库中拨出一千五百缗钱，分别派人将其放置于成都蚕市、药市、七宝市三市，并在市上张贴告示，称："有能告发并逮捕一个盗贼者，赏钱五百缗。盗贼不可能独自一人行窃，必定有同伙，如果同伙告发，可以赦免他的罪，和其他人一样领赏。"

这天，官府门前来了两个人，其中一个人还被五花大绑地捆住，原来是有人抓住了一个盗贼。只见盗贼满脸怒气，心中愤愤不平，对另一个人说道："你这个无情无义的家伙，你与我一起为盗已十七年，每次偷来的赃物都是平分，我从来没有亏待过你，你怎么敢逮捕我？再说，你不也是同样有罪吗？即使你把我扭送到官府，你也会和我一样要被处死！"

崔安潜立即开堂审问。审讯中，盗贼虽然将罪行一一交代，但是非常不服，并指责抓他的人，说："我与他同为盗贼，我们俩罪行相当，为什么只治我的罪？"

崔安潜对盗贼说："你既然知道我有榜，为何不将你的同伙扭送官府？如果你这样做了，那该处死的人就是他，你就该受到奖赏了。现在你既然被他告发，还有什么话好说！"

说完，他当着盗贼的面，命人将赏钱送到抓贼的人手中，然后将盗贼押到市上，处以剐刑，并杀了他的全家。

这件事给蜀中的盗贼很大的触动，他们个个心惊胆战，生怕被同伙举报而丧命，每天东躲西藏，不知哪里才是安全之地。于是，第二天他们都逃出四川，再也不敢回来了。

从此，四川的治安好了起来，百姓们不禁拍手称快。

【释评】

愚昧的人都有自己的弱点，他们并没有什么远大的志向，而是只注重当下所得。君子虽然行事坦坦荡荡，但有时也不排除要使用计谋，来达到自己的目的。君子驾驭愚者，应该根据他们的喜好给予其小恩小惠，利诱不失为一种好的方法。

【事典】

屡受欺骗的楚怀王

楚怀王刚刚继承国君之位的时候，楚国势力正盛，是当时诸侯中最大的国家，也是当时物产最丰富、人口最众多、军队最强盛的国家。与之相较，实力稍弱的两个国家则是秦国和齐国。

当时楚怀王采用了苏秦的合纵战略，与齐国一起联合攻击秦国。这让秦惠文王惴惴不安，他千方百计想破坏齐、楚两国之间的关系。秦惠文王身边的谋士张仪得知，便安慰秦王道："大王请放心，我有把握叫齐、楚两国反目成仇。"

于是张仪携带重礼去了楚国，他先用重金买通了楚怀王身边的宠臣靳尚，然后才去拜见楚怀王。

张仪对楚怀王说："现在虽然天下一分为七，但是能够称得上大国的，也就只有楚国、齐国和秦国了。如今秦王派我来贵国，就是为了修好我们两国之间的关系。如果大王肯与齐国断绝往来，秦王愿把商於之地总共方圆六百里土地送给您，让我们两国世代结为友好邻邦。"

这商於之地原本就是楚国的土地，后来被秦国夺去，至今已有几十年，历代君王都未将其收复。如果楚怀王真的可以将失地收复，不但对楚国是大功一件，在列祖列宗面前也是一大荣耀。于是楚怀王非常高兴地答应了张仪的条件。

大臣们纷纷向楚怀王表示祝贺，然而大夫屈原却紧锁眉头，忧虑重重地说："我看这未必是好事，大王不要高兴得太早。"

楚怀王立马将脸沉了下来，问道："我们不费一兵一卒，就能白白得到六百里土地，为什么不是好事？"

屈原解释道："秦国是因为看到我们和齐国联盟，才对我们更加重视的。如果楚国与齐国断交，以后再有大事就孤立无援了，那时秦国还会把我们放在眼里吗？”

楚怀王一脸愠色，说道：“别管那么多了，我们先把六百里土地拿回来再说。”

屈原依然忧心忡忡，说：“兴许这只是张仪的一个计策，如果真的和齐国断交，秦国不割土地怎么办？那时岂不是一举两失？不如先让其割送土地，再与齐国断交不迟。”

这时，大臣陈轸也站出来说：“张仪素来说话不算数，大王不得不防啊，万一中了他的诡计，到时候后悔就晚了。”

靳尚因为收受了张仪的贿赂，开始帮着秦国说话，他说：“秦国既然已经许诺，定会言而有信，如果我们一再给张仪提条件，惹怒了他，割让土地的事岂不是再也谈不成了？我国与齐国联合不过是为了对付秦国，如今秦国与我们交好，又何必再维护和齐国的关系呢？”

楚怀王听惯了阿谀奉承之词，又害怕秦国出尔反尔，所以听从了靳尚的意见。他对大臣们说：“张仪是秦国的相国，怎么会说话不算数？我们要想得到那六百里土地，就必须马上与齐国断交！”

于是，楚怀王一面与齐国断交，一面派人跟随张仪到秦国接受商於。快到咸阳时，张仪装病不见楚国使者，使者只好向秦王上书，秦惠文王故作惊讶地说：“既然相国已经做主，那就一定会割地的。只是寡人还没有听说楚国和齐国绝交呀！”

楚怀王着急收复土地，便派了一位猛士到齐国，大骂齐宣王。齐宣王大怒，立马宣布与楚国断交，然后派人去了秦国，与秦结成了共同伐楚的联盟。

接着楚怀王又派人去秦国接收土地，想不到张仪却翻脸不认账，故作冤枉地说：“我没有说割让六百里土地啊，你是不是听错了？我怎么肯把六百里土地送人？我是说把秦王赏我的六里地送给楚王，这是我自己的封地。”

使者气得火冒三丈，一本正经地对张仪说：“我奉楚王之命来贵国接受商於之地六百里，而不是相国所说的六里！”

张仪则一脸蔑视地说道：“我想楚王听错了吧？秦国的土地都是祖先恩德传

下来的，怎么能轻易送人呢？”

使者知道已经上当，赶紧回去禀报楚怀王。楚怀王气得七窍生烟，决定立马举兵讨伐秦国，然而陈轸却劝阻道：“大王不能凭一时之气就发兵秦国，万一齐秦联合，我们必败无疑，不如我们趁着现在与秦国交好，一同讨伐齐国，以阻断齐秦之间的关系。”

但是，楚怀王不听，坚决率兵出战。结果楚国战败，不得不割让两座城池，与秦求和。

此时，楚怀王知道自己之前与齐断交实在是糊涂至极，所以不得不派出屈原出使齐国，打算再次与之联合。然而，秦国为了阻止齐楚两国联合再次从中捣乱，派人出使楚国，说愿意与楚和好，并分汉中的一半土地给楚国。

楚怀王并未答应，只给秦国提出一个要求：“只要你们把张仪送给我，我就把整个黔中郡白白送给你们！”

秦王果真让张仪入楚，楚怀王将其扣留。张仪再次用重金贿赂靳尚，靳尚在楚怀王面前不断扇耳旁风，说：“楚国被骗其实并不是张仪的错，这一切不过是秦王指示，张仪也是听命行事而已。”

结果楚怀王竟然被说动，随后把张仪给放了。

屈原从齐国出使回来，听说张仪被放，质问其为什么不杀张仪。楚怀王也开始后悔，立马派人去追张仪，然而为时已晚，张仪早已无影无踪。

后来，秦楚两国关系有所缓和，秦昭襄王厚赂楚国，秦楚联姻，秦国要求楚怀王将太子作为人质送往秦国。

大臣屈原极力反对，但是靳尚却说：“秦能主动示好，实属难得，若大王不善于利用时机，一旦秦动怒发兵，楚国就很难抵挡了。”

楚怀王最终决定将太子横送往秦国。在秦国，太子横遭受了很多凌辱，后来因杀死秦国的一位大夫，而逃回楚国。秦王借故讨伐楚国，秦国杀死楚军两万多人，并占领八座城池。

靳尚等人主张割地求和，屈原却力主抵抗，他激愤地说：“我国一让再让，却屡受欺骗，自陷被动。秦国本就是虎狼之国，我们必须奋起抗争，才能确保我国的安全。”

群臣争执不休，秦王又派人送来书信，说道：“寡人一心一意和大王修好，不想太子生事，杀我国官员，惹得秦国人人愤怒，如此寡人才不得不发兵。秦楚二国同为大国，又为姻亲，战事一起，百姓受难，寡人也十分不愿。寡人不想再战，特邀大王在武关相会，再结友好盟约，望大王勿辞。”

楚怀王见信大喜，说：“秦王既然无意战争，正是寡人求之不得的啊！”

虽然屈原不愿楚怀王前往，但是在朝中奸臣的怂恿之下，楚怀王毅然前往赴约。然而秦国早有埋伏，等楚怀王到达武关之时，便派人将其捉住，并劫持到了咸阳。秦王要求楚王用附属国的礼仪朝见秦王，楚怀王不从。秦王逼迫楚怀王割让巫郡和黔中郡，被怀王严词拒绝。于是秦王将楚怀王扣押在秦国，直至去世。

【释评】

小人阴险狡诈，言而无信，智者可以很快识破他们的阴谋，不受欺骗。然而愚昧的人则无法分辨小人的真面目，当然也就看不清他们的阴谋诡计，他们认为小人的一切许诺都是真的。当小人遇到愚昧者，他们只要空口许诺，就会让愚昧的人当真。

【事典】

荒淫无道的刘贺

刘贺是汉武帝刘彻的孙子，是昌邑王刘髆的儿子。父亲去世后，他顺理成章地继承了父亲的王位，成为第二代昌邑王。

然而刘贺却是一个十足的草包，不学无术，整天只知道吃喝玩乐。

当时郎中令龚遂总是当面指出刘贺的过失之处，然而他却掩耳不听，直接走掉，并说道："郎中令真会使人羞愧。"

有一次，刘贺正在和奴仆及膳食人员一起玩乐，并不断给他们赏赐，龚遂觉得刘贺的行为太过出格，就去宫里劝谏。龚遂难过得双膝跪地而行，泪流满面，刘贺周围侍候的人都感动得直落泪。刘贺却感到非常奇怪，问道："郎中令为什么这么伤心啊？"

龚遂言辞恳切地回答："我是在为国家的安危担心啊！希望大王抽出一点时间，让我把自己愚昧的意见说出来。"

于是刘贺让其他人退下。龚遂直接问道："大王知道胶西王因为总做坏事导致灭亡的事情吗？"

刘贺满不在乎地说："不知道。"

龚遂继续说道："据说胶西王身边有一个臣子，名叫侯得。本来胶西王昏庸无度，堪比桀、纣，然而侯得却说胶西王与尧、舜一样清明。胶西王非常喜欢他的阿谀奉承之言，所以经常和他住在一起，专门听他的那些妖言邪说，最后导致国亡身死。大王身担重任，如果总是亲近那些小人，也会染上他们的恶习，这会直接影响到我们昌邑国的安危啊！请允许我挑选一些精通儒术、品质高尚的人和大王一起生活，这样可以带动大王多读一些儒学经典，或许对大王有所帮助。"

刘贺虽然很不耐烦，但还是听取了龚遂的意见，龚遂让郎中张安等十人侍候他，但是没过几天，刘贺就把那些人都赶走了。

后来，刘贺多次看到奇异之象，比如头上戴着方冠的狗、黑熊，但是他的侍从却看不到，并且还有大片乌鸦在宫中盘旋。刘贺知道这是不祥之兆，心生厌烦，便问龚遂："为什么总是出现不祥之物？"

龚遂说："这是上天在告诫您，在您身边的那些人都是不懂礼仪的小人，他们就像戴着方冠的狗一样。如果把他们赶走，您的王位就可以保住；不然，您的王位就会失去。"

龚遂又说："有些话臣不敢埋在心里，而不向您提出忠告，我曾多次劝诫大王为国家安危考虑，可是大王却不爱听。可是国家的存亡，不是微臣的几句话能够决定的啊！还是请大王三思。大王身为诸侯王，您所做的事比庶民百姓还污浊，这样下去国家很难长久安稳下去，您应该深刻省察这些。"

刘贺虽然心有忌惮，但仍未收敛自己的言行。

公元前 74 年，汉昭帝刘弗陵去世，年仅 21 岁。他生前并未留下子嗣，致使皇位无人继承，大臣霍光打算将昌邑王刘贺推上皇位，于是征召刘贺主持丧礼，刘贺应诏入京。在途中，刘贺派人沿途去找鸣叫声很长的鸡，还指使一个叫善的奴仆去强抢民女。龚遂得知此事后，质问刘贺，刘贺矢口否认。于是龚遂说："既然是善私自所为，那不能因此毁坏了大王的名声。请把善交给法官处置，来洗刷大王的清白。"然后将善按法律进行处理。

刘贺到达京城后，按照礼仪在昭帝的灵柩前接受了信玺、行玺，成为名副其实的皇帝。玉玺是皇上行使权力的象征，必须妥善保管，然而刘贺却在居丧的地方打开玺印后就不再封上。随从的官员又拿着符节，带领昌邑王的从官、马官、官奴二百多人进宫，刘贺经常与他们在禁宫中玩耍游戏。

昭帝的灵柩还停放在大殿里时，刘贺就把昌邑国的乐人带进去击鼓奏乐，玩得不亦乐乎。等灵柩下葬以后，更是放飞自我，每天歌舞升平，花天酒地。他不但带着随行的官员大吃大喝，还驾着皇帝出行时专用的车马，车上蒙着虎皮，插着鸾旗，在宫里随便乱跑，追野猪，斗老虎；又召来皇太后用的小马车，叫官奴骑乘，在昭帝嫔妃居住的掖庭中嬉笑娱乐。

刘贺曾取出诸侯王、列侯、二千石的绶带以及黑色、黄色绶带一起给昌邑国的郎官佩戴，把他们免为良人。他擅自将符节上的黄旄改为红色，把御府中的金子钱币、刀剑玉器、彩色绸缎赏给一同玩耍的人，还同随从的官员以及没入官府的奴隶一起饮酒作乐。

按照规矩，在国丧期间，不能饮酒吃肉，刘贺却对此置若罔闻，宫里的食监不允许他吃荤腥，他就偷偷地专门派侍从从宫外买来鸡和猪，供自己食用。

刘贺在接受皇帝玺印的二十七天中，派出的使者络绎不绝，拿着符节向各个官署下达诏令，征索物品，共有一千一百二十七起。如果有大臣进谏规劝，刘贺就对他们进行斥责或者将他们关进大牢。

刘贺的荒淫无道日益严重，朝臣们都为国家社稷担忧，于是他们谒见上官太后，将刘贺的荒唐之事一一告知，并说他根本无法承担国家重任。皇太后一听，顿时火冒三丈，立即乘车来到未央宫承明殿，诏令各个宫禁门卫不要放昌邑国的群臣进宫，于是宦官们将昌邑国的群臣隔在门外，随即把宫门关上。

刘贺略显不悦，质问道：“你们这是要干什么？”

大将军霍光跪下说：“皇太后有诏令，不让昌邑王的群臣进来。”

刘贺说：“为什么要弄得这么吓人？！”

随即，霍光派人将门外的昌邑国群臣全部驱赶出宫，都交给廷尉关在诏狱内，并命令原昭帝的侍中、中常侍看守刘贺，嘱咐道：“你们可要小心值班守卫，刘贺如果突然死了或自杀了，就会让我对不起天下人，背上杀害君王的罪名。”

刘贺此时还不知太后和群臣们已经准备将其罢黜，还反问道：“我原来的群臣有什么罪，为什么要将他们关押起来？”

不久，太后召见刘贺，他才开始害怕起来，嘴里嘟囔道：“我犯了什么罪要召见我？”

太后坐在大殿的帷帐后面，下边两排侍卫手持兵器，肃穆而立，群臣依次进入，并让刘贺跪下听令。接着，群臣一起将刘贺的种种不轨行为尽数罗列。群臣认为，宗庙比君王更重要，刘贺还没有到高庙接受大命，就不可以继承上天的意旨而奉祀祖宗宗庙、统治天下万民，应当废黜。

皇太后下诏说："准奏。"

刘贺却还在振振有词地说："听说天子只要有诤臣七人，即使无道也不会失去天下。"

霍光反驳道："皇太后已下诏令废黜皇上，你哪里还是天子？"于是上前抓住他的手，解下他身上的玺印绶带，捧上交给太后，随后将刘贺扶着走下宫殿，群臣跟着送行。

此时刘贺才知道已无力回天，后悔地向西面拜道："是我太过愚昧，不明事理，担不起汉朝的重任。"

霍光把昌邑王送到昌邑府邸后，告罪道："您的行为天地不容，原谅臣下等怯懦无能，不能自杀来报答您的恩德。臣下宁可有负大王，也不敢对不起国家。但愿大王能够自爱，臣下将再也不能见到您了。"

随后，霍光哭着离开了昌邑王。

昌邑国的群臣因为纵容刘贺胡作非为，不知劝诫，亦获罪被杀。

刘贺在位仅仅 27 天就被推下皇帝的宝座，他凭借着自己的愚昧无知和胡作非为成为汉代在位时间最短的皇帝。

【释评】

愚昧的人头脑简单，鼠目寸光，他们只知道享乐于当下，不知为长远考虑。作为管理者，尤其是国君，他们手握大权，具有极大的影响力，他们的言行举止直接关系到国家的生死存亡，如果他们愚昧无知，定会导致国破家亡。

【事典】

碌碌无能的杨镐

杨镐生活在明朝万历年间，在朝中任职。他曾任山东参议，负责防守辽海道。因在职期间与大帅董一元一道在雪夜中翻越墨山，去袭击蒙古炒花部的营帐，大获全胜，他被提拔为参政。

那时，明朝和朝鲜一直保持着友好的关系，因为地域相连，朝鲜对于明朝来说有着重要的影响。后来，日本侵略朝鲜，对明朝造成了很大的威胁。为了防止日本以朝鲜为跳板而对明朝造成侵略，明神宗果断派兵支援朝鲜，抗击日本。

万历二十五年（1597），杨镐和副将李如梅一道出塞作战，然而出师不利，这一战一共损失了十员部将，一百六十多名士兵。明神宗大怒，然而此时朝中无将可用，他并未对杨镐进行处罚，反而将杨镐提拔为右佥都御史、经理朝鲜巡抚。

当时，日本将领小西行长、加藤清正等已经占领了朝鲜的南原、全州，又引兵进犯全罗、庆尚，并向朝鲜首都王京步步紧逼，威力很是强大，并且日军在朝鲜积存军粮，打算长期驻留。

这时杨镐率军到达王京。几个月后，杨镐召集总督邢玠、提督麻贵讨论进兵方略，决定把四万兵力分成三路进攻，副将高策率领中军，李如梅率领左边，李芳春、解生率领右边，合攻蔚山。

首先，杨镐派出少量明军与日军作战，探测日军的实力，结果日军大败。日本被迫退到岛山去驻扎，并在岛山城外修起三道栅栏来自我保护。

后来，陈寅带兵突进，接连打下日军的两道栅栏，第三道眼看就要打下来了，杨镐却突然鸣金收兵。这让陈寅非常不解，气愤不已。

原来因为杨镐与李如梅交情深厚，此次出兵杨镐对其寄予厚望，他希望李如梅多立战功，自己好在皇上面前替其邀功请赏。但是眼下局势明了，陈寅很可能夺得头功，这是杨镐不想看到的结果，所以他让陈寅停止战斗，让其失去了立功的机会。

然而，这次战役以后，日军自知实力不足，开始坚守不战，等待援兵到来，明军攻日军的大好机会就这样白白错过。

无奈之下，杨镐只能派兵包围日军。然而当时正值隆冬季节，寒风呼啸，寒气逼人，日复一日的坚守让士兵们的斗志大大下降。日军便不停地向外围的明军放大炮，子弹上还带有毒药，只要被击中必死无疑。

明军包围十几天都没有将岛山攻下，明军开始慢慢泄气，战斗力明显不如以往。

不久小西行长的救兵突然来了，杨镐被吓得仓皇逃走，各个部队跟随其后，四散奔逃。日军背后紧追，进行袭击，明军战死者不计其数。最终是吴惟忠等人断后，才得以阻挡日军，但明军的辎重大多丢失了，损失惨重。

杨镐带着麻贵跑到庆州，害怕日军过来袭击，就把全部兵力撤回王京。

这次战役朝廷规划了几年，并且几乎动用了全国的兵力，然而就因为杨镐的私心过重，最终一败涂地。

杨镐安定下来后，让各营队报上人数，结果发现明军死亡了差不多两万人。杨镐大为恼火，他不敢把实际情况如实汇报给皇上，便与总督邢玠一道虚假地向朝廷告捷，说仅战死一百多人。

大臣应泰对杨镐战败的实情了如指掌，于是上书弹劾杨镐，说杨镐应当问罪的有二十八条，可羞的有十点，应该按罪受到严惩。

万历帝气得火冒三丈，想对杨镐依法惩处，在某些大臣的营救下，皇帝才将其赦免。

后来，后金努尔哈赤侵扰明朝边境，并打下抚顺，之后步步紧逼，导致辽东地区危机。

朝廷考虑到杨镐熟悉辽东的军事，就起用他为兵部右侍郎，前去担任经略。

到任后，杨镐就申明纪律，征集四方部队，打算大举作战。为了让杨镐增强威慑力，万历帝特赐其尚方剑，允许他斩杀总兵以下的将官。杨镐就把清河逃将陈大道、高炫斩了，并在军中巡回展示，导致军中将士每天担惊受怕。

这年冬天，各地援兵大批集结起来，杨镐准备二月十一日誓师，二十一日出塞开战。他按照计划将部队分为四路：总兵官马林出兵开原，攻打北面；杜松出兵抚顺，攻打西面；李如柏从鸦鹘关出兵直奔清河，攻打南面；刘綎则出兵东南面的宽甸，经凉马佃捣后，用朝鲜部队来帮助他。

杨镐号称大兵四十七万，约定三月二日在二道关集合后一起出发。当时天下着大雪，部队不肯向前走，出兵的时间又遭到泄露，金兵提前做了防备。

杜松想立个头功，率先渡过了浑河，来到二道关，结果伏兵大起，导致全军覆没了。

马林统领开原部队准备从三岔口出师，听说杜松战败，下令停步不前。后金部队居高临下，奋勇出击，马林招架不住，大败而逃。

杨镐听说后，急忙传令想让李如柏、刘綎的两支部队停下，李如柏接到命令，就地停止前行。

刘綎当时已经到了浑河，金兵向其出兵，但是大败。金兵利用计谋，让人穿上杜松的衣甲，并打着他的旗号，进入刘綎军中，刘綎军中大乱，刘綎奋力拼战而死。

四路军队只有李如柏的军队得以保全。

文武将吏前后死去的有三百一十多人，士兵四万五千八百多人，丢掉的马匹、骆驼、兵器多得无法计算。

消息传到京城，朝廷上下大惊，御史杨鹤弹劾杨镐，万历帝不但没有答复，还继续让杨镐担任重要职位，率军出征。不多久，在杨镐的指挥下，开原、铁岭又相继失守了。言官纷纷上书弹劾杨镐，于是杨镐被逮进了诏狱。崇祯皇帝继位后，毫不犹豫地将其处死。

【释评】

愚昧的人缺乏判断力，他们不适合担当大任。愚昧者只适合追随智者前行，而不能独当一面。他们无论从才智还是眼光上来讲，都无法与智者相比。作为领导者，要善于区分智者与愚者，如果将重要职位交到愚昧者手上，最终得到的只能是失败。

【事典】

因愚误国的虞公

春秋时期，诸侯之间纷争不断，大国吞并小国、强国攻击弱国的战争几乎每天都在上演。

虞、虢两国作为两个相邻的小国，曾结为联盟，共同抵御外敌。

然而和虞国相邻的晋国却想将这两个国家吞并，于是召来群臣商议对策。虽然虞、虢两国的实力都比较弱小，但是如果他们联合起来，也足以让晋国难以抵挡。所以在大臣的进谏下，晋献公决定先用兵虢国，这样可以阻止虞、虢两国联合。

但是，晋军要想去往虢国，就必须途经虞国，所以只能虞国同意借道才可以。为达到出兵虢国的目的，晋国大夫荀息向晋献公建议，把晋国出产的良马和美玉送给虞国，以此借用虞国的路径，进军伐虢，并且指出虞国国君是个爱贪小便宜的人，如果见到宝物定会心动。

晋献公舍不得将宝物送给别人，更担心送了礼物虞国仍不肯借路，岂不是鸡飞蛋打？荀息便说："送给虞国的这两件宝物，如同从晋国的内库府取出来，暂时存放在晋国的外库府而已，以后早晚都是自己的。"

晋献公虽然十分明白荀息的意思，但仍很不放心地说："虞国有个大臣名叫宫之奇，他肯定不会轻易让虞公接受晋国的礼物的。"

荀息又答道："宫之奇虽然心如明镜，但行为懦弱，他绝不会强行劝阻虞公收受礼物的。因为他和虞公一起长大，虞公也不可能对他言听计从，更何况虞公并非具有远见卓识、深谋远虑的明君，只不过是只看眼前利益的平庸之辈。"

晋献公听荀息讲得头头是道，便采纳了他的主意，并让他带上良马和美玉去虞国说项。

荀息以晋君特使的身份到了虞国，向虞公献上宝物，又讲了一大通晋、虞两国历史上的恩恩怨怨，然后十分谦卑地试探道："虢国屡屡侵犯晋国边境，如今我国想借道于虞国，去质问虢国为何要侵犯晋国边邑，万望圣明的虞君高抬贵手。"

果然如荀息所料，虞公见了晋献公送来的国宝，果然心花怒放，又听了荀息的一番高论，便不假思索地应允晋国借道攻虢。

宫之奇见自己的国君如此轻率，连忙劝阻说："晋君的礼物如此厚重，荀息的话语也如此谦卑，其中必藏祸心。君主千万要三思而行。"

虞公全然不理会宫之奇的劝告，不但答应借道给晋国，而且要求率先出兵攻打虢国，以讨好晋国。宫之奇又连忙跪伏在地，竭力劝阻说："虢虞两国如同唇齿，相邻相依，虢国一亡，岂不是唇亡齿寒吗？我们两国就是互相帮扶，才不至于被他国所灭，如果虢国没有了，那么虞国也离灭亡不远了。"

虞公仍不理会。宫之奇见虞君一意孤行，料定虞国灭亡在所难免，便带着家眷跑到曹国避难去了。就在宫之奇跑到曹国不久，晋献公就派大将军里克、荀息率领大军，浩浩荡荡地借道虞国，只用了几个月的工夫，就轻而易举地消灭了虢国。

晋军在得胜回国途中，又以部队需要休整为借口，在虞国驻扎下来。虞公仍然毫无戒备，满口答应。

结果，晋军发动突然袭击，把虞军打得措手不及，很快就消灭了虞国，虞公也当了俘虏。荀息献给虞公的晋国良马、美玉又如数回到晋献公手中。

荀息不无奸猾地笑道："美玉依然璀璨夺目，只可惜良马的牙齿长长了。"

后来，晋献公将女儿嫁到秦国时，又将虞公作为陪嫁的奴仆送到了秦国。

晋国利用虞公的愚昧，轻松地将其说服，借道而行，虞公的行为残害了两个国家。

【释评】

有的愚昧者头脑简单、目光短浅，但是心地善良、忠厚老实。在身处逆境之时，我们可能会感到孤独、无助，急需能够热心帮助自己的人。那么此时我们不妨求助愚昧者，他们定会鼎力相助，为我们带来意想不到的启示和力量。

八、辨认真伪，人尽其才

【原文】

不知其心，不驭其人也。不知其变，不驭其时也。君子拒恶。小人拒善。明主识人。庸主进私。不惜名。勿吝财。莫嫌仇。人皆堪驭焉。

【译文】

不了解一个人的内心，不要驾驭他。不了解一个人的应变能力，就不能在当下驾驭他们。要懂得君子拒绝做恶事，小人拒绝为善。而一个英明的领导，会辨识出人的真伪。昏庸的君主只会选择自己的亲信和私交。任何人都不要过于爱惜自己的名声，不要吝啬手中的财物。不要记恨仇人。只要方法合适，任何人都可以被驾驭。

【事典】

不知人心的齐桓公

齐桓公能够登上春秋霸主之位，管仲功不可没。管仲不但有治世之才，还有识人之术，他为齐国的发展强大贡献了毕生的精力，临终前更是对齐桓公忠言相告，然而齐桓公并未听从，这直接导致了他后来的惨死和齐国的衰落。

管仲在病重期间，齐桓公前去探视，问道："仲父的病已经很严重了，以后的国相应该由谁接替？你有什么话想对寡人说吗？"

管仲开诚布公地说："了解臣子的莫过于国君了。我只希望国君远离易牙、竖刁、常之巫、卫公子启方这四个人。"

齐桓公听到管仲的话非常不解，便问及原因。

管仲说："易牙为了主公煮食了自己的儿子，表面看来的确忠心可鉴，但是人的本性就是爱自己的孩子啊，如果连自己的儿子都杀，您认为他对主公会有爱心吗？而竖刁为了接近您成为宦官，本来应该感动，但是连自己的身体都不爱惜的人，会爱自己的君王吗？常之巫说能判断生死，能驱鬼降魔给人治病，可是您不知道生死是命中注定的吗？用驱除鬼神之法给人治病也不过是让人精神放松，所以他并没有什么真的本事。卫公子启方侍奉您多年，他的父亲去世，他都没有回去，您觉得对自己的父亲都不爱的人，会对别人有爱心吗？"

随后管仲又说："鲍叔牙虽然是君子，也对主公忠心耿耿，但是他太过于善恶分明，不肯屈身，所以不适合为政。可以任隰朋为相，他为人忠厚，眼光远大而能虚心下问；他志向远大，总是以自己比不上黄帝而感到耻辱；他在家不忘国事，在朝中不忘家事，对待君主忠心不贰；他常常救助落难的百姓，而受到他恩惠的人们都不知道是他救助的。可见隰朋是仁德之人，要想国家长治久安，还得需要隰朋这样的人啊！"

齐桓公认为管仲言之有理，但是未全部听从。

齐桓公认为易牙、竖刁、常之巫、卫公子启方这四个人都是自己的亲信，尤其易牙和竖刁更是忠心耿耿。

易牙是王宫里的厨师，他做出来的饭咸淡适宜，味道鲜美，深得齐桓公的喜爱。一次，齐桓公对易牙说："寡人尝尽了天下的美味，但就是没有吃过人肉，如果能吃一次人肉，也算了了我这一生中的一大憾事。"

这不过是一句玩笑，想不到却一谑成真。易牙回去后一直想弄点人肉给齐桓公尝尝，但是平民百姓的肉怎能入得了国君的口？所以他就将目光转向了自己四岁的儿子。

第二天，齐桓公的午膳上就出现了一道特殊的"美味"——一碗美味无比的肉汤。齐桓公品尝后觉得诧异，便问易牙："这是什么肉？"

易牙痛哭流涕地说道："这是我儿子的肉。主公想吃人肉，我便将自己四岁的儿子杀了煮食，以此献给主公，以弥补主公此生之憾。"

齐桓公听了大为吃惊，但是转而又被易牙的忠诚所感动，此后对其更加宠信。

竖刁善于察言观色，阿谀奉承，他为了赢得齐桓公的信任，竟然自行阉割，由此得到齐桓公的信任。

所以，在管仲死后，齐桓公并未将四人赶出宫中，但是听从了管仲的话，让隰朋当了国相。

隰朋的确是治世的良臣，他学识丰富，聪慧过人。有一次隰朋随齐桓公、管仲率兵北伐孤竹，返回时正是冬天，当大军行至山中，一时寻不到水源，大家都非常着急。隰朋对大家说："蚂蚁冬天居住在山的南面，夏天会居住在山的北面，并且蚂蚁喜欢在邻近水源的地方居住，如果我们找到蚁穴并顺着挖下去，肯定能找到水。"

士兵们按照隰朋所说，果真得到了水源。

可是没多久，隰朋也去世了。齐桓公只好让鲍叔牙当了国相。

鲍叔牙性情耿直，看不惯易牙、竖刁、常之巫、卫公子启方四人的小人面目，就向齐桓公提议道："如果要我当国相，那就必须把易牙、竖刁、常之巫、卫公子启方这四人赶出宫去。"

于是齐桓公将这四人全都驱逐出宫。但是，当他们出宫以后，齐桓公却觉得吃什么饭菜都不再有滋味，内宫也不安定了，他想：管仲说的话也不可全信，他未免太过于谨慎了，易牙、竖刁、常之巫、卫公子启方四人在我身边服侍多年，我还不了解他们的忠心吗？

于是在三年之后，齐桓公又将四人召回宫中。鲍叔牙得知后，气得抑郁而亡。之后，这四人开始把持朝政，掌揽大权。

第二年，齐桓公卧病在床，将不久于人世。常之巫预言齐桓公将在某日去世，于是，一场夺权篡位的战争开始了。易牙与竖刁逼迫太子逃往宋国，想拥立公子无亏为国君，致使齐国发生内乱。

易牙、竖刁、常之巫假传齐桓公的命令，堵塞宫门，筑起高墙，不准人进入宫中。有一个宫女偷偷溜进宫内去见齐桓公，齐桓公用微弱的声音说道："寡人想吃点东西。"

宫女无奈地说："我没有办法弄到吃的。"

齐桓公又说："寡人想喝点水。"

宫女还是无能为力，说道："我也无法弄到水。"

齐桓公不知何故，宫女说："常之巫说已经预言了主公去世的日期，易牙、竖刁、常之巫他们共同作乱，将宫门封闭，不准任何人入宫，所以我没有地方可以找食物和水。卫公子启方带着千户齐民投降了卫国。"

齐桓公至此才看出易牙、竖刁、常之巫、卫公子启方的真面目，但是悔之晚矣！他泪流满面地说："寡人真后悔当初没有听管仲的话，如果死者有知，寡人将有什么面目去见管仲呢？"

齐桓公遂用衣袖蒙住脸，就这样被活活饿死了。齐国的几个公子都在为争夺国君之位而打斗，谁都无心顾及其他。齐桓公的尸体因无人安葬，浑身爬满了蛆虫。直到几个月后，齐国内乱平息，公子无亏才将其入土为安。

经过这次内乱，齐国国力受损，开始衰败，中原的霸业也逐渐移向他国。

【释评】

驾驭他人绝不是一件容易的事，因为没有人心甘情愿地受制于人。要想驾驭他人，不但要了解此人的言行，更要了解他的内心。坏人往往更善于伪装，不容易被人看透，所以一定要多加防范，多听从智者的建议，才能避免上当受骗。

【事典】

心怀天下的王猛

东晋时期，时局动荡，北方的战乱愈演愈烈，各族豪强纷纷割据，北方称王称帝者比比皆是。

此时，东晋桓温北伐，暂时击败苻健，驻军灞上，当地百姓以酒肉相迎。王猛好读兵书，善于谋略和用兵，也想在军中效力，于是去求见桓温。

桓温面见王猛后问其对时局的看法，王猛在大庭广众之中，一面旁若无人地抠虱子，一面滔滔不绝地畅谈天下大事。王猛把南北双方的政治军事形势分析得一清二楚，见解十分精辟。桓温认为其是奇才，便问道："我奉皇上之命，统率十万精兵讨伐逆贼，为百姓除害，但是关中的豪杰义士却没人到我这里来，这是为什么呢？"

王猛直言不讳地回答道："您不怕千里跋山涉水，深入敌人腹地。但是长安近在眼前，您却不渡过灞水。大家不知道您心里怎么打算，所以不愿来见您啊。"

王猛的话说中了桓温的真实想法：他举兵讨伐逆贼，并不是想为朝廷效力，只是以此为借口，发展自己的势力。

桓温没想到王猛的眼光如此毒辣，一眼便看透了自己的心思。桓温微微一笑，称赞道："江东没有一个人能比得上您的才干！"

桓温不想失去王猛这个人才，便想让其一起南下。但是王猛认为追随桓温会助纣为虐，玷污自己的名声。于是他回到华山向老师请教，老师说道："桓温乃无德之人，无德之人必将败落，你不能与之共事啊。你才德无缺，纵是留在北方，又何愁富贵？"

于是，王猛拒绝了桓温，继续隐居读书。

前秦的皇帝苻健死后，苻坚夺取了前秦的江山。他想寻求天下名士，身边的人便向他推荐了王猛。苻坚面见王猛后，二人一见如故，谈及对世事的看法，句句投机，于是苻坚任命王猛为中书侍郎，执掌军国机密。

后来，王猛被苻坚任命为始平县令，管理当地事宜。始平县是保护京城的重要门户，然而却长期受到盗贼豪强的肆意骚扰，令皇上头疼不已。王猛到任后，首先明确了法律，严明了纪律，禁暴锄奸，雷厉风行。有一个奸吏因为势力庞大，做了很多坏事，王猛掌握其罪行后，便派人当众将其鞭死。奸吏的党羽和手下人便在县衙聚众闹事，并将王猛告到上级官员那里。上司将王猛逮捕，并押送到长安。

苻坚闻讯，亲自责问王猛："为政之人，首先要以德服人，你怎么上任不久就杀掉那么多人，这未免太过于残酷了。"

王猛平静地回答道："我听说，治安定之国可以用礼，理混乱之邦必须用法。陛下不以臣为无能，让臣担任难治之地的长官，臣一心一意要为明君铲除凶暴奸猾之徒。才杀掉一个奸贼，还有成千上万的家伙尚未伏法。如果陛下因我不能除尽残暴、肃清枉法者而要惩罚我，臣岂敢不甘受严惩以谢辜负陛下之罪？但就现在的情况而论，加给我'为政残酷'的罪名而要惩罚，臣实在不敢接受。"

苻坚听其见解，禁不住点头称赞，并向在场的文武大臣说："王猛可真是管仲一类的人物呀！"便赦免了王猛的罪过。

王猛因执法不阿，精明强干，功绩卓著，皇上一年之内给其升了五次官。那些皇亲国戚和元老旧臣岂能心服口服？他们对王猛又嫉又恨。有人大骂王猛说："我们曾与先帝共兴大业，却不得参与机密。你无汗马之劳，凭什么专管大事？这不是我们种庄稼而你白捡粮食吗？"

王猛冷笑道："不光是你种我收，还要使你做好饭端给我吃呢！"

此人气得暴跳如雷，骂道："姓王的，我迟早会把你的脑袋挂在长安城门上！"

苻坚得知此事后大发雷霆，认为此人太不识抬举，便将此人处死了。之后没人再敢与王猛正面为敌了。

当时朝廷内外有一批氐族显贵，他们仗恃着自己与皇室同族或曾对朝廷有功，便恣意妄为，无法无天。王猛就想挫一挫他们的锐气。

王猛听说强太后的弟弟强德总是酗酒行凶，抢男霸女，因为其为皇亲国戚，所以被他欺负的人都不敢去招惹他。王猛得知后立即收捕强德，然后派人上报皇上，但是他根本没等皇上批示，就直接将其处死。待苻坚的赦免文书到了之后，强德早已命归西天了！

紧接着，王猛又与御史中丞邓羌共同合作，铲除违法乱纪的权贵二十多人，京城治安得到了很大的改善。苻坚感叹道："直到今日我才知道天下是有法的，天子是尊贵的！"

由此，苻坚对王猛非常宠信。王猛执政时，苻坚让他裁夺一切军国内外之事，自己则端坐拱手于朝堂之上。苻坚认为遇到王猛是此生之幸，于是十分感激地对王猛说："您日夜操劳，忧勤万机，我就像周文王得到了姜太公一样，可以自由自在地享清福啦！"

王猛则谦虚地说道："没想到陛下对臣评价如此之高，臣哪里配得上比拟古人？"

苻坚说："据朕看来，姜太公岂能比您强啊！"

苻坚还经常嘱咐太子等皇家子弟说："你们敬事王公，要像侍奉朕一样！"

王猛不但有杰出的政治才干，还拥有卓越的军事才能。他为前秦南征北战，立下了赫赫战功。他曾率军攻打东晋荆州，讨伐叛乱的羌族首领敛歧，出征前凉的张天锡等，都取得了胜利；又平定了前秦宗室苻柳、苻双等人的叛乱，扫清了通往中原道路上的障碍。在苻坚、王猛、邓羌等人的共同治理下，前秦的国力越来越强盛，还先后灭掉了前燕、代国和前凉三个小国，统一了黄河流域地区。

但是，王猛就在决心要大干一番的时候，却突然病倒了。

临终前，王猛语重心长地对苻坚说："东晋虽然远处江南，却是华夏正统，目前上下安定。臣死之后，希望陛下千万不要去攻打东晋。鲜卑、西羌等投降贵族跟我们不是一条心，迟早要成为祸害，望陛下警惕他们。"

没过多久，王猛便去世了。

苻坚伤心极了，他对儿子苻宏说："看来上天是不想让朕统一天下，为什么这么快就夺走王丞相？"

于是，苻坚命人按照汉朝安葬大司马霍光那样的最高规格，隆重地安葬了王猛，并追谥王猛为"武侯"。秦国上下哭声震野，三日不绝。

【释评】

君子内心通透、光明磊落，喜欢光明正大地做事，不会暗地里搞小动作。他们心胸坦荡，只做善事，他们会以做恶事为耻辱，从不会去伤害别人。驾驭君子，就要给予他们足够的信任和支持，不要让其被小人所陷害，这样他们才能放手一搏。

【事典】

心狠手辣的庞涓

春秋时期，社会动荡不安，各诸侯国纷争不断。为了使自己国家发展壮大，各诸侯国都在招兵买马，笼络人心，天下有贤之士蠢蠢欲动，都想投靠明主，以大展宏图。

庞涓跟随师父鬼谷子已在山中学习兵法三年有余，自以为学有所成，无人能及。此时他听说魏王正在引进人才，早已按捺不住，想下山投靠。

鬼谷子知道庞涓嫉妒心重，爱欺骗人，于是在他离开之前，对其进行了一次测试，他让庞涓去山里找一朵花。可是找遍整座山，庞涓只找到一株草花，但庞涓认为草花羸弱，与心怀宏图大志的自己并不匹配，于是他将采摘的草花放入袖中。回去之后，他告诉师父，并未找到任何花。

鬼谷子看到他将花藏于袖中，便让他拿了出来，说："将来你一定会做出欺骗人的事。"并告诫他要改掉说谎骗人的毛病，否则只会害人害己。庞涓谢过师父的教诲，下山去了魏国。

在魏国，相国王错将庞涓推荐给魏惠王。庞涓在魏惠王面前将周边诸侯国的形势一一进行分析，并提出强大魏国的策略，魏惠王听后，频频点头称赞，遂封其为元帅，并兼任军师一职。

魏惠王果真没看错人，庞涓的确军事才能出众，他不仅帮助魏国吞并了周边许多小国，还成功抵抗了齐军的进攻。很快，庞涓成为魏国赫赫有名的人物，成为众人敬仰的对象。

然而，庞涓心术不正，他一直有一个心结，那就是与他同门学艺的师兄孙膑。他知道，孙膑的才能在自己之上，如果将孙膑请出来为自己所用，定能帮助自己取得更大的成绩，但是又怕被孙膑抢了风头，压制自己。假如孙膑被他国挖走，那就会成为自己的劲敌。

恰好此时，墨子的学生禽滑釐向魏惠王推荐了孙膑。当知道孙膑是庞涓的师兄，并且才能比庞涓更胜一筹时，魏惠王便让庞涓写信请孙膑出山。庞涓虽不情愿，也只能照办。

孙膑生性忠厚，他看到庞涓给自己的推荐信，内心十分激动，于是拜见了魏惠王。魏惠王想拜孙膑为副军师，可是庞涓却从中作梗，只让孙膑成为他门下的一名客卿。客卿没有任何实权，只能在背后出谋划策，尽管如此，孙膑依然对庞涓感激不尽。

孙膑在魏国期间，越来越凸显自己的军事才能，庞涓小肚鸡肠，他当然不甘心让孙膑一直待在其门下，给自己造成压力。所以在一段时间之后，他就开始设计谋害孙膑。

庞涓叫人写了一封信，假托是孙膑叔叔家的哥哥孙平和孙卓写的，叫孙膑回齐国老家去帮齐国做事。庞涓就让孙膑写了一封回信，并托被庞涓收买的一个名叫丁义的人带回齐国，然后庞涓私下将这封信扣下，并把信交给魏惠王。接着庞涓又好意劝慰孙膑，让他给魏惠王请假，回齐国探亲。

这一切被魏惠王得知后，气得他大发雷霆，这一连串的事情不得不让他想到孙膑私通齐国，背叛自己。于是他下令将孙膑关押了起来，交给庞涓审问。

庞涓装出一副很难过的样子，假惺惺地对孙膑说："大王本来要治你死罪，是我多次求情，才保住你的性命，但是活罪难免，大王下令将你的膝盖骨挖掉。"

孙膑对庞涓感恩戴德，哭着说："师弟的大恩大德，我此生难忘。"

就这样，孙膑的膝盖骨被挖去，再也无法行走，只能爬行。

接下来，庞涓又开始实行他的下一个计谋。庞涓知道师父鬼谷子从吴国得来了十三篇已经失传的兵法，尽数传授给了孙膑，而自己对其内容却一无所知。于是，庞涓让孙膑将这些兵法凭记忆全部写下来。孙膑为了报答庞涓的救命之恩，开始默写兵法。

兵法还未写完，孙膑手下的人就从他人口中得知：庞涓留孙膑一条命就是为了索要失传的兵法，如果兵法写完了，孙膑也就会被杀掉。

孙膑听完，大吃一惊，想不到庞涓如此凶狠狡诈，所以一怒之下将所写兵法全部烧毁，然后开始装疯卖傻。他披头散发，时哭时笑。庞涓闻讯，亲自赶来察看，孙膑装得更是惟妙惟肖，只见他满嘴疯话，拉住庞涓大笑道："师父，你是来接我回去的吗？"

庞涓试探道："师兄，你既然已经知道了事情的真相，就应该明白，装疯卖傻也无法解救你的性命，不如好好把兵书写出来。"

孙膑根本不加理会，依然胡话连篇。庞涓为了确认孙膑是否真的疯了，便将其拉到猪圈里，给他准备了酒菜。然而孙膑并不吃酒菜，反而拿起猪食塞进口中，吃完还在猪圈呼呼大睡起来。

庞涓仍有疑心，又将孙膑丢到大街上。孙膑浑身恶臭，拖着断腿到处爬行，累了就直接睡在大街上，饿了就在大街上捡拾垃圾。

此时，庞涓真的确信孙膑已疯，便将监视他的人撤走，换成普通的人对他进行看管。

禽滑釐听闻孙膑在魏国的遭遇，就找到齐威王，希望他帮助孙膑逃离魏国。没几天，齐国使者就到达了魏国，晚上，使者和孙膑制订了一个天衣无缝的计划，将孙膑装在运输车中偷偷送出城外。第二天，大街上爬行的那个孙膑早已被人调包，去了齐国。

在齐国，孙膑受到了齐威王的赏识和重用，被拜为军师。

公元前 341 年，魏惠王派庞涓为大将，将全国兵力交到他手中，让他去攻打韩国。紧急之下，韩国向齐国请求支援。齐威王便拜田忌为大将，孙膑为军师，发兵五万去救韩国。孙膑并没有去韩国救援，而是直接去攻打魏国。

庞涓得知魏国国内危险，赶紧退兵返回。可当他走到魏国边境时，发现齐军已经进入魏国。庞涓察看齐国军队扎过营的地方，叫人数了数地上做饭的炉灶，足够供十万人吃饭用。庞涓想："齐国有十万大军进了魏国，一时怎么也不能把他们打出去。"

第二天，庞涓带领大军到了齐国的军队第二回扎过营的地方，又数了数炉灶，只够供五万来人使用了。

第三天，魏军到了齐国军队第三回扎过营的地方，仔细数了数炉灶，也就剩下两三万人了。

庞涓根本不知道这是孙膑的诱敌之术，还扬扬自得地说："我素来听闻齐国人都是胆小鬼，看来此言不虚。我三次数了他们的炉灶，原本十万大军到了魏国，才三天工夫，就逃走了一大半。"

于是，庞涓吩咐大军日夜不停地按着齐国军队走的路线追去。待他们追到马陵时，天色已经开始变暗。马陵道路狭窄，两旁又多是峻隘险阻，孙膑早已料到庞涓大军会在天黑之时赶到此地，于是提前命士兵埋伏其中，并命人将道旁的树木砍倒，只留下一棵大树砍掉树皮，露出白木，在树上写下"庞涓死于此树之下"一行大字，并和将士们约定"天黑能在此处看到有火光就万箭齐发"。

庞涓率军追到马陵，看到山路被树木阻挡，便叫人搬开树木，却奇怪地发现一棵大树屹然挺立在路旁，树皮还被剥去。他拿来火把，借着火光看到上边的一行大字，顿时大吃一惊，知道上了孙膑的当，急忙对属下说："快退！快……"第二个"退"字还没说出口，只见箭如雨下，魏军顿时大乱，哭喊声起伏不断。庞涓知道此劫难逃，便拔剑自刎而死。齐军乘胜追击，把魏军打得四散奔逃。此次战役后魏军元气大伤，魏国失去了霸主之位，齐威王则在孙膑的辅佐下称霸东方。

庞涓这个名副其实的奸佞小人，因为妒贤嫉能，最终落得害人害己的下场。

【释评】

小人阴险狡诈、心术不正，与他们交往，若不加以防范就容易吃亏。小人没有怜悯之心，为达目的不择手段，所以我们要小心辨识，学会透过表面看本质，这样才能免于上当。当然，小人如果作恶多端，也会被人所不容，受到惩罚，最终害人害己。

【事典】

李渊的识人之术

刘弘基是河州刺史刘升之子，从小就放荡不羁，喜欢结交侠义之士。他年少时并无功劳，却因父亲的功绩得以担任右勋侍，跟随隋炀帝大军出征。

然而因为家境贫困，刘弘基随大军出征之时迟迟未能置办好随军装备，延误了时间。他非常明了，假如自己耽误时日，无法在军队规定的日期赶到，就会被斩首。所以，为了自保，他私自宰杀了别人的耕牛，却被官府抓住，关进大牢。他在牢中度过了一年的时光，但好在保住了性命。由此可见其人有勇有谋。

刘弘基出狱后，因其已有案底，再也无法入朝为官，但是他又无其他生存技能，只能以偷马为生。他虽然勇猛过人，但是被人当成贼寇，受到他人的轻视和远离。

后来，刘弘基突然醒悟：我现在已近中年，总不能天天这么浑浑噩噩地混日子，我必须找一个明主，为其效力，做出一番功绩。

他听说太原李渊善待义士，于是就前去投奔。

李渊亲自召见了刘弘基，问起他的身世，刘弘基也并未隐瞒，将之前自己的种种事情一一叙说。李渊见其为人诚实，便有意收留，说道：“你生计无着，虽然偷盗也实属无奈，这也不是你的过错。如今天下并不太平，你有一身本领，不可荒废了。”

李渊便把其收在麾下，而有人觉得李渊过于草率，便提醒道：“大人收留此人，虽是好心，但是他劣迹斑斑，如果对大人怀有二心，岂不是对大人不利？大人不得不防啊！”

李渊不以为然，他说：“我看刘弘基一身豪气，当初不过是迫于无奈才做出偷盗之事，谁还没个落难之时？现在他主动投奔我，说明他对我的敬重，我怎么能因为猜疑而冷了壮士的心呢？我此时将他收留，不正表明我的心胸宽大吗？若成大事，就必须有容人之量，我不相信他有害我之心。”

于是，李渊亲自给刘弘基安排食宿，并嘘寒问暖，生怕有丝毫怠慢。刘弘基看李渊如此厚待自己，十分感激地对李渊说：“小人何德何能，竟得大人如此关爱？小人自当忠心追随，誓死报效。”

最初，李渊并未给刘弘基安排职位，导致刘弘基无事可做，每天只是喝酒玩乐，并时常闹事。他的这些行为让李渊的手下非常反感，于是又有人向李渊进言：“大人是朝廷重臣，和那些草莽之人结交并不合适。刘弘基整天无所事事，只知饮酒作乐，这样下去不但会给大人招致麻烦，也会影响大人的名声，招人耻笑，大人何不尽早将其赶走，不能一错再错了。”

李渊微微一笑，说道：“我如果这么做，那和势利小人还有什么区别？你们想陷我于不义吗？结交义士，积累德行，就不能计较得失，否则，谁还会投奔我呢？”

这些人见李渊总是维护刘弘基，虽然心里不爽，也不便多说。

刘弘基知道周围人看不起他，也痛苦万分，不知自己该如何报答李渊的恩情。有一次，刘弘基见到了李渊的次子李世民，他觉得李世民气宇轩昂，与众不同，便主动与之结交。李世民在和刘弘基熟识之后，发现他颇有才能，于是经常与其谈论政事和兵法，两个人互相赏识，结为挚友，经常一起骑马出门，晚上一起睡觉。

李世民曾对父亲李渊说：“刘弘基气度不凡，只是当下没有用武之地，他日若有机会，必定能成为忠勇之将。”

隋朝末年，各地起义涌起，天下大乱，刘武周趁机造反。李渊便以讨伐刘武周为名密谋起兵反隋，于是他命刘弘基、李世民、刘文静等人分别去各地招募军队。刘弘基见报答李渊的时候到了，心里万分高兴。他每到一地，都向人们宣扬李渊的恩德，使更多的人倾心于李渊，纷纷站在李渊这边，并甘心为之效力。

十天之后，李渊派出的人就为其招募到近十万人。李渊将这些军队交给刘弘基、长孙顺德来统领。李渊的行为引起了太原副留守王威、高君雅的怀疑，他们准备除掉李渊。李渊有所察觉，命刘弘基与长孙顺德暗中埋伏，先下手将王威、高君雅谋杀。随后李渊自称大将军，建大将军府，任命刘弘基为左统军。

后来，刘弘基跟随李世民出兵，打败隋朝大将宋老生，因此被拜为右光禄大夫。李世民继续率兵往长安攻进，刘弘基则率领军队首先渡过渭水，并击败隋将卫文升。其他各路兵马还未到达之时，刘弘基早已首战告捷。李渊大喜，赏赐其战马二十匹。

不久，刘弘基又随军平定长安，在诸将之中夺得首功。李渊喜出望外，夸奖道："你夺得此功，真是可喜可贺，你是名副其实的英雄啊！看来我李渊未看错人。"

刘弘基谦虚地说道："承蒙大人收留，不嫌弃小人的过往。小人得遇明主，岂敢不尽心竭力？这不是小人的功劳，都是大人德望所至啊！"

刘弘基立下赫赫战功，李渊自然对其更加赏识。

李渊称帝，刘弘基同样屡立战功，李渊多次赏赐，并对其加官晋爵。

后来，李世民登基，刘弘基同样舍命报效，多次立下功劳。

贞观九年（635），李世民封刘弘基为夔国公，并世袭朗州刺史。但因其年老体弱，请求辞官回家，李世民便将其进授辅国大将军，俸禄及赏赐和在职人员一样，每月只需初一、十五上朝即可。

贞观十九年（645），唐太宗亲征辽东，起用刘弘基，任命他为前军大总管。刘弘基依旧作战有功，受到唐太宗的嘉奖，其食邑加封至一千一百户。

不久，刘弘基去世。临终前，刘弘基将几个儿子叫到近前，给他们每人分了五顷田地和十五个奴婢，并对他们说："你们如果有本事，根本就不需要多少财产；如果你们没有本事，这些田产也可以保证你们不会挨饿受冻了。"

剩余的钱财，刘弘基则全部分给了亲戚和乡邻。

刘弘基本来名声不好，幸好遇到慧眼识珠的李渊父子，才有机会施展才能，有所作为，否则可能一生被埋没，一事无成。

【释评】

这个世界上最难看透的就是人心，我们一定要有高超的识人之术，才能辨其真伪。有些人善于伪装，如果我们无法通过表面看到其本质，就无法确切地了解这个人，就无法驾驭他。作为领导者，必须拥有睿智的眼光，会准确地辨认真伪，不能偏听偏信，没有主见。

【事典】

刘邦的封侯之策

刘邦是中国历史上第一个平民出身的皇帝，他的一生能够有如此巨大的转折，主要在于他懂得笼络人心，知人善任，且奖罚分明。

在楚汉之争中，刘邦身边聚集了大批有才之士，他们出身不同，能力不同，却都受到刘邦的重用，为刘邦立下了不朽的功劳。其中有一人名叫雍齿，尤为特殊。

雍齿和刘邦是同乡，但是出身却与刘邦大为不同。雍齿是贵族之家，从小生活优越，所以他根本看不起家境贫寒的刘邦。其实最令雍齿反感的还是刘邦的无赖行径，雍齿还曾当众羞辱过刘邦，背后还对他各种指指点点。

后来，刘邦起兵反秦，雍齿也想建功立业，不得已加入了刘邦的军队。当初，秦军在丰邑将刘邦围困，刘邦带军奋力抵抗，终于将秦军打败。

出于对同乡的信任，刘邦命雍齿驻守丰邑，自己则带兵去开拓新的地域。然而雍齿根本无心效力刘邦，此时正好有魏国人前来游说，说："丰邑这里的人，原来都是魏国人迁徙过来的，这相当于魏国的地界。如今魏国实力雄厚，已经夺取了几十座城，如果你投降魏国，就封你为侯来镇守丰邑，若不投降，就把丰邑给屠杀干净！"

雍齿本就不想为刘邦卖命，听魏国人这么一劝，正合其意，他转手就将丰邑让给魏国，成为魏国的守城将领。

消息传到刘邦耳中，气得他火冒三丈，转头再次攻打丰邑，然而因为兵力薄弱，无法攻下。其间刘邦大病一场，他经常对人诉说他对雍齿的彻骨之恨。

第二年，刘邦借助项梁的势力终于将丰邑攻了下来。雍齿被打败后，直接逃到魏国去了。没过多久，魏王就在章邯的进攻下战败自尽，雍齿只能"另投明主"。

项羽和刘邦争夺天下之时，因为项羽兵力强大，一度将刘邦打得一败涂地。

此时雍齿认为项羽才是执掌天下之人，就毫不犹豫地投奔了项羽。可是没过几年，形势竟然急转直下，项羽开始在刘邦面前节节败退，雍齿认为项羽大势已去，再次投奔了刘邦。

可想而知，刘邦见到雍齿心里到底有多痛恨。但是刘邦也明白，雍齿是一个将帅之才，此时正是用人之际，还不能将其诛杀。

于是刘邦只能暂时忍下这口气，不计前仇。他封雍齿为将领，让其带兵抵抗项羽。雍齿知道刘邦对其恨之入骨，也想借机立功赎罪，所以他在战场上奋勇杀敌，立下了不少战功。

项羽兵败自杀后，天下终于回归统一，刘邦得胜，并登上皇位，建立了汉朝。刘邦本就不是忘恩负义之人，待国家稳定后他开始对身边的大臣们论功行赏。

他首先封赏了功劳最大的二十几个人，这些人要么是刘邦的同乡，要么是刘邦的亲信。他们不但为汉朝的建立立下了汗马功劳，而且一直对刘邦忠心耿耿，誓死追随。刘邦不但对他们加官晋爵，还奖赏了财物和土地。

对于其余的功臣，因为一时难以评定功劳大小，刘邦便将此事暂且搁置一旁，可是他的行为却引起了大臣们的不满和猜忌。

没被封赏的大臣经常聚在一起窃窃私语。刘邦在宫中高处看到那些将领总是坐在沙地上谈论着什么，就问张良："这些人经常聚在一起聊天，他们到底在谈论什么呢？"

张良直言不讳地说："陛下难道真的不知道吗？他们在商议造反啊！"

刘邦听后大吃一惊，疑惑不解地问："天下刚刚安定下来，他们为什么要谋反呢？"

张良说："陛下以平民身份起义，现在能够坐上天子之位，靠的就是这些人的帮助，皇上虽然给有功之臣进行了封赏，但是封赏的却都是您所亲近宠幸的老友，还有一些你所痛恨的人遭到了诛杀。如今军官们正在计算功劳，认为天下的土地不够一一封赏，没有他们的份，又害怕因为出现过失而被杀掉，所以就聚在一起图谋造反了。”

刘邦恍然大悟，忧心忡忡地问：“那该怎么办呢？”

张良问：“陛下平生最憎恨的，又是众臣所知的人是谁？”

刘邦根本不加任何考虑，脱口而出：“雍齿。”

一想到雍齿，刘邦就恨不得马上拿刀将其杀掉，他咬牙切齿地说：“我对他简直痛恨到了极点。他曾多次使我受到羞辱，并且多次背叛我，我恨不得将其千刀万剐，但是又因为他为我立下了很大的功劳，所以我又不忍心杀掉他。”

从语气中就可听出刘邦的痛恨和无奈。

张良微微点头，说：“那陛下现在要做的就是赶紧先封赏雍齿，只要群臣看到雍齿都被封赏，那么每人对自己能受封就坚信不疑了。既然他们没有了疑惑，就会忠心效忠于您，别无二心了。”

刘邦不敢相信自己的耳朵，怒吼道：“什么？你让我封赏雍齿？我怎么忍得下这口气？”

张良赶紧安慰他说：“陛下，大丈夫何须拘于小节？你认为个人私仇重要，还是国家稳定重要？您要知道‘小不忍则乱大谋’。”

刘邦虽然很不乐意，但是听张良说得有理，也只能这样办了。

于是，刘邦选定日子大设宴席，将群臣召来赴宴。宴会上，刘邦历数了雍齿的各项功劳，并封他为什邡侯，还紧迫地催促丞相、御史评定其他人的功劳，好尽快进行封赏。

群臣看了都非常高兴，宴会结束后大家纷纷议论：“雍齿可是陛下最痛恨的人，现在连雍齿都能被封为侯，我们这些人还担心什么？”

于是，大家各自安心，再也不会胡思乱想了。

刘邦不愧是具有雄才大略、富有远见的一代明主，他在张良的点拨下，很快意识到了自己的错误，不能只重用自己的亲信，这样很容易造成其他大臣的怀疑和猜忌，进而导致江山不稳。

此后，刘邦再也没有犯过类似的错误，陆陆续续将那些有功之臣进行封赏，这也使得大家死心塌地地追随他，为汉朝江山的稳固打下了坚实的基础。

【释评】

昏庸的领导者只会进用自己的亲信，认为他们才是值得信任的人。殊不知，这样不但会对自己的发展造成约束，还会让真正的贤者远离。但明智的领导者则无论亲疏，唯才是举，他们能做到知人善任，人尽其才，由此吸引更多的人才为之效力。

【事典】

有“惧内”之名的房玄龄

唐太宗在位期间，身边围绕着众多优秀的人才，其中有一位名叫房玄龄。他在年轻时跟随李世民东征西战，出谋献策，立下了汗马功劳。

房玄龄对李世民忠心耿耿，高瞻远瞩，每次打了胜仗，当别人都在忙着收集贵重的物品时，他却在忙着帮李世民物色有才干的人物，并诚心实意地将这些人推荐给李世民。比如，张亮、杜如晦，就是经他推荐，被李世民收入麾下的，他们为大唐王朝的建立发挥了很大的作用。

房玄龄才思敏捷，当时他主要为军队出谋划策，每次写奏折，他几乎是不加思考，一气呵成，并且言语简练，内容明白准确，这让周围的人都非常佩服。

李渊也总是对房玄龄大加赞赏，他对侍臣说：“房玄龄这个人深重地了解机宜，足能委以重任。他每当替秦王陈说事务，都能了解到人性的心理。即使在千里之外，也好像面对面说话一样。”

然而就是这么一个能人志士，却有一个不大好听的名声，那就是“怕老婆”。对于房玄龄惧内的事迹朝中大臣尽人皆知，这也成为皇上和同僚对其调侃的话题。

房玄龄的妻子卢氏出身名门望族，从小受到良好的教育，端庄大气，知书达理。在房玄龄仕途刚有起色的时候，卢氏就下嫁于他，夫妻二人伉俪情深，令人羡慕。那时房玄龄职位很低，卢氏却从未嫌弃过他，对于房玄龄的日常起居、衣食住行，都是精心安排。并且她持家有道，家中事务从来不用房玄龄过问，独自打理得井井有条。

有一年，房玄龄得了一场大病，卧床不起。卢氏在一旁悉心照料，不离不弃。房玄龄怕自己时日不多，看着年轻漂亮的妻子说：“恐怕我活不了几天了，如果我不幸离世，希望你再改嫁一个好人家，年纪轻轻不要为了我守寡。”

妻子一听急了，伤心地说："你怎么可以说这种话，我此生除了你再也不会嫁给他人。"

房玄龄多次劝说，卢氏一时气急，竟然将自己一只眼睛挖掉，表示绝不另嫁。由此足以看出卢氏对房玄龄的感情非常深厚。

后来，房玄龄的身体竟然一天天开始好转，也许是妻子的意志感动了上天，不忍心让两个人分开。从此，房玄龄对妻子更加百依百顺，对妻子的命令从不敢违抗。由此，房玄龄"惧内"的名声就逐渐传了出来。

一日，唐太宗设宴邀请开国元勋，大家齐坐在一起，推杯换盏，觥筹交错。大家喝得尽兴，不知不觉间趁着醉意开始互相调侃。这时，大家将目标指向了房玄龄，都在嘲笑他如何惧怕妻子，并说他的妻子为人霸道还嫉妒心强。"酒壮㞞人胆"，房玄龄几杯酒下肚，也给自己壮了不少胆子，他厉声反驳大家，说："女人有什么可怕的，其实我对夫人毫无畏惧，只不过是平日懒得跟她计较而已，如果我真的生气，她就会对我唯命是从。"

唐太宗听到这话，立马赏给了他两个美女，让其带回家做小妾。一听到这话，房玄龄立马酒醒了一半，连忙推辞。皇上说："房大人，你不知道皇命不可违吗？难道朕说出去的话不算数吗？"

房玄龄还是不想接受，大臣尉迟敬德说道："你尽管将她们带回去，如果老婆问起，你就说是皇上赏赐的，你的夫人也不敢把她们怎么样。"

至此，房玄龄也只能被迫接受，小心翼翼地将两个美女领回了家。

房玄龄回到家耐心地给夫人解释两位小妾的事，不料，他的夫人才不管什么皇上不皇上，立马大发雷霆，抄起鸡毛掸子就向房玄龄打了过去。房玄龄东躲西藏，不敢和妻子辩解。

无奈之下，房玄龄只得将两位美女送了回去。

第二天早朝结束，房玄龄在宫中踱来踱去，不想回家。皇上觉得非常奇怪，就问其原因："房大人为什么不回家啊？"

只见房玄龄愁云满面地对皇上说道：“请皇上恕罪，那两名美女我实在不敢接受。还请皇上下旨，不要让我的夫人生气。”

唐太宗一听火冒三丈，他想趁机压压卢氏的骄横之气，便指着房玄龄说道：“想不到你这么怕你的夫人，真是闻所未闻啊！你这也太窝囊了吧，连个小妾也不敢收，把你的夫人给我叫过来，朕倒要看看她到底有多厉害。”

房玄龄只得带着夫人一起去皇上面前认罪。卢氏也知道故意违抗皇上命令本就有罪，于是见到皇上便跪了下来要求治罪，但是却不提接受小妾之事。

皇上看卢氏依然不想接纳两位美女，便对卢氏说道：“朕也不追究你违旨之罪，这里有两条路任你选择，一条是领回两位美女，与她们一起和和美美地过日子；另一条是吃了这坛‘毒酒’，也省得妒嫉旁人了。”

说着，唐太宗指了指旁边的一坛“毒酒”。

房玄龄知道夫人性格刚烈，怕她真的喝了毒酒，于是急忙跪下求情：“恳求皇上开恩，放过我的夫人。”

皇上却怒斥道：“你是当朝宰相，竟然违抗皇命，还敢多言？”

这时，卢氏看了看站在一旁的两名美女，只见她们个个貌美如花、温文尔雅，再想想自己早已年老色衰，如何与之相比？如果让这两位美女进府，自己岂不是要失宠了，若不让这两位进府，那就等于违抗圣令。

于是卢氏没有多想，举起旁边的那坛“毒酒”就一饮而尽，房玄龄见状赶紧上前阻拦，可是已经晚了，“毒酒”早已被夫人喝进肚中。

房玄龄立马傻了眼，抱着夫人开始号啕大哭，嘴里还大喊着：“夫人，你不能死啊！”

然而周围的大臣却哑然失笑，唐太宗也站起身来，走到房玄龄身边，拍了拍他的肩膀说：“爱卿，别哭了，那不是毒酒，不过是一坛醋而已。”然后再看看卢氏，叹了一口气说：“你这脾气也太倔强了，你也别怪朕用这个方法逼你，想不到你嫉妒心如此重，朕收回成命就是。”

卢氏没想到会是这样的结果，此时她被醋酸得牙根发软，但是心里却万分高兴。房玄龄听皇上这么一说，也转悲为喜。后来，人们通过这个事件演化出一个词语——“吃醋”，至今我们都在使用。

从此以后，房玄龄“惧内”的名声被越来越多的人知道，但是很多人在嘲笑他的同时，也深深为他们夫妻深厚的感情所感动。

【释评】

常言说“雁过留声，人过留名”，足见名声对一个人的重要性。人生在世，有人仁义忠孝，美名传世，被后世传颂；有人恶贯满盈，名声败坏，被后人唾骂。但是有些名声对我们来说却无关紧要，无须维护，只要做好自己，无愧于心即可。

【事典】

燕昭王的纳贤之举

战国时期，燕王哙年老昏庸，黑白不辨，大臣子之想夺取燕国的政权，就派苏代前往齐国，侍奉在齐国做人质的燕国公子。在齐国，苏代得到了齐宣王的重用。

有一次，齐宣王派苏代回燕国复命，燕王哙问道："齐王是要称霸吗？"

苏代回答："他必定无法称霸。"

燕王哙疑惑地问道："为什么呢？"

苏代回答说："因为他不信任自己的大臣。"

苏代看似在说齐王，其实是暗指燕王哙不够信任大臣子之。燕王哙明白了苏代的用意，从此对子之非常信任。

大臣鹿毛寿又对燕王哙说："大王不如将国家禅让给国相子之。当初人们称道尧是圣君，就是因为他要将天下禅让给许由。但是许由并未接受，最终尧既赢得了让天下的美名，实际上又没有失去天下。现在大王不如将国家让给子之，子之必然不敢接受，这样，大王就能成为与尧一样的圣君了。"

燕王哙信以为真，便将国家交由大臣子之管理，自己退居幕后。此举引起了燕国太子和其他贵族的强烈不满。子之残忍暴虐，他掌管朝政三年，致使燕国发生内乱，百姓处于一片恐慌之中。

后来，燕国太子寻求齐国帮助，齐国以"为燕国平定内乱"为名，趁机出兵燕国，将燕王哙和子之杀死，并占领燕国大片土地，太子也在此次战争中身亡。后来，赵武灵王将在外当人质的公子职护送回燕国即位，是为燕昭王。

面对战后残破的燕国，燕昭王励精图治，进行改革，在郭隗等贤臣的辅佐下，国力逐渐强盛起来。后来，燕昭王想为父报仇，出击齐国，但苦于齐国国力强盛，无法与之抗衡，遂想招贤纳士，壮大燕国。

燕昭王找到郭隗，愁容满面地问道："齐国乘人之危，侵占我们燕国的土地，寡人想报仇，可如今燕国势力薄弱。如果寡人能得到天下贤士与我共商国是，即可雪先王之耻。请问先生，寡人现在该如何做？"

郭隗说："成就帝业的人与老师相处，成就王业的人与朋友相处，成就霸业的人与臣子相处，而亡国之君只与仆役和小人相处。如果能够屈尊侍奉贤者，恭敬地接受教诲，那么超出自己才能百倍的人就会投奔而来；如果先做事后休息，先请教贤者再进行思考，那么才能胜过自己十倍的人就会到来；如果别人怎么做，自己也怎么做，那么才能与自己相当的人就会来到；如果凭靠几案，拄着手杖，盛气凌人地指挥别人，那么供人驱使的人就会来到；如果行为放纵，举止粗暴，随意打骂别人，那么就只有奴隶和犯人会来。这就是自古以来实行王道和招纳人才的方法。大王若真想招纳贤才，就应该亲自登门拜访，天下的贤人如果听说了大王的这一举动，一定会投奔燕国而来。"

燕昭王说："那应当先拜访谁呢？"

郭隗说道："我听说古代一位国君想出千金购买千里马，可是三年都没有买到。宫中有个近侍对他说道：'请让我去买吧。'国君就派他去了。三个月后他终于找到了千里马，可惜马已经死了，他就用五百金买了那匹马的头，并带回来复命。国君大怒道：'寡人要的是活马，你怎么给我买了个死马？白白浪费了我五百金。'这个近侍淡定地对君主说：'买死马都肯花费五百金，更何况活马呢？天下人一定认为您能出高价买马，所以千里马很快就会有人送来的。'果真不到一年，就有人送来了三匹千里马。如果现在大王真的想要招揽贤士，就请先从我开始吧；像我这样的平庸之辈尚且被重用，何况那些胜过我的人呢？他们难道还会嫌路程太遥远而不来燕国吗？"

燕昭王听后茅塞顿开，于是，为郭隗专门建造了宫殿，并拜他为师。接着，燕王命人在城内最显眼的地方筑起一座高台，上面供置许多黄金，取名"黄金台"，用来招纳四方贤士。很快，燕昭王敬重人才的消息不胫而走，没多久就出现了"士争凑燕”的局面。

燕昭王不拘一格，广纳人才，而且把那些有志灭亡齐国的、熟悉齐国险阻要塞和君臣关系的善于用兵打仗的士人，尽数收留下来，并给予他们优厚的待遇。其中最有名的是从齐国而来的邹衍、从赵国而来的剧辛和从魏国赶来的乐毅。

邹衍是阴阳五行家，当时已名闻天下，曾受到魏国、赵国的尊重。燕昭王得知邹衍来到燕国，不但亲自迎接，还用衣袖裹着扫把，退着身子边走边扫，在前面为其清洁道路。燕昭王敬请邹衍以师长身份给自己授业，并特意为其修建了一座碣石宫，供其居住讲学。

剧辛同样是军事人才，他听说燕昭王思贤若渴，便前往辅助，遂受到燕昭王的重用。剧辛实行变法图强，使燕国国力大增；并作为燕国的使节和邹衍一起游走各国，通融了燕国与周边各国的关系。

而最优秀的就是乐毅，他才学出众，深通兵法。一次乐毅以魏国使臣的身份出使燕国，燕昭王十分恭敬地接待了他，乐毅颇受感动，决意留在燕国，昭王随即任其为亚卿，并委以国政和兵权。

乐毅全心全意地为燕昭王服务，进行内政改革，并整顿了军队。

当时燕国军队纪律混乱，官吏营私非常严重，乐毅就先制定了法律，对军队进行约束，提高了他们的战斗力，并对官员进行审核。

对于用人标准乐毅采用了任贤的制度，阻止了官场之内拉帮结派的现象。

对于遵守国家法度的百姓，燕昭王都进行奖励，即使是身份低下的贫民或者一部分奴隶，也一视同仁，安定了社会秩序。

如果哪家有丧事或喜事，燕昭王都会亲自去慰问或祝贺，与庶民百姓同甘共苦，以维护自己的统治，笼络民心。

燕昭王在众贤士的辅助下，兢兢业业地奋斗了二十八年，燕国从一个贫瘠弱小的国家变得日渐殷富，积累了相当的实力，而且培养了奋发图强的民风。待条件成熟，燕昭王举兵伐齐，一举得胜，将齐国打得只剩下两个小城；最终使燕国发展到鼎盛时期，并跻身于战国七雄的强国之列。

【释评】

虽然说钱财乃身外之物，但是有时候钱财可以换来真正的人才。对于领导者来说，从钱财的付出足以看出对下属的重视程度。毕竟钱财易得，人才难寻，如果遇到有真才实干的人，一定不要吝惜手中的钱财，要想尽一切办法将其拉拢过来。